# 全国普法学习读本

## 可再生能源法律法规学习读本

# 节能高效综合法律法规

加大全民普法力度,建设社会主义法治文化,树立宪法法律至上、法律面前人人平等的法治理念。
——中国共产党第十九次全国代表大会《决胜全面建成小康社会 夺取新时代中国特色社会主义伟大胜利》

王金锋 主编

汕头大学出版社

图书在版编目（CIP）数据

节能高效综合法律法规/王金锋主编. -- 汕头：汕头大学出版社（2021.7重印）

（可再生能源法律法规学习读本）

ISBN 978-7-5658-3513-1

Ⅰ.①节… Ⅱ.①王… Ⅲ.①节能法-中国-学习参考资料 Ⅳ.①D922.674

中国版本图书馆 CIP 数据核字（2018）第 034933 号

---

**节能高效综合法律法规** JIENENG GAOXIAO ZONGHE FALÜ FAGUI

| | |
|---|---|
| 主　　编： | 王金锋 |
| 责任编辑： | 邹　峰 |
| 责任技编： | 黄东生 |
| 封面设计： | 大华文苑 |
| 出版发行： | 汕头大学出版社 |
| | 广东省汕头市大学路 243 号汕头大学校园内　邮政编码：515063 |
| 电　　话： | 0754-82904613 |
| 印　　刷： | 三河市南阳印刷有限公司 |
| 开　　本： | 690mm×960mm 1/16 |
| 印　　张： | 18 |
| 字　　数： | 226 千字 |
| 版　　次： | 2018 年 5 月第 1 版 |
| 印　　次： | 2021 年 7 月第 2 次印刷 |
| 定　　价： | 59.60 元（全 2 册） |

ISBN 978-7-5658-3513-1

版权所有，翻版必究

如发现印装质量问题，请与承印厂联系退换

# 前 言

习近平总书记指出:"推进全民守法,必须着力增强全民法治观念。要坚持把全民普法和守法作为依法治国的长期基础性工作,采取有力措施加强法制宣传教育。要坚持法治教育从娃娃抓起,把法治教育纳入国民教育体系和精神文明创建内容,由易到难、循序渐进不断增强青少年的规则意识。要健全公民和组织守法信用记录,完善守法诚信褒奖机制和违法失信行为惩戒机制,形成守法光荣、违法可耻的社会氛围,使遵法守法成为全体人民共同追求和自觉行动。"

中共中央、国务院曾经转发了中央宣传部、司法部关于在公民中开展法治宣传教育的规划,并发出通知,要求各地区各部门结合实际认真贯彻执行。通知指出,全民普法和守法是依法治国的长期基础性工作。深入开展法治宣传教育,是全面建成小康社会和新农村的重要保障。

普法规划指出:各地区各部门要根据实际需要,从不同群体的特点出发,因地制宜开展有特色的法治宣传教育坚持集中法治宣传教育与经常性法治宣传教育相结合,深化法律进机关、进乡村、进社区、进学校、进企业、进单位的"法律六进"主题活动,完善工作标准,建立长效机制。

特别是农业、农村和农民问题,始终是关系党和人民事业发展的全局性和根本性问题。党中央、国务院发布的《关于推进社会主义新农村建设的若干意见》中明确提出要"加强农村法制建设,深入开展农村普法教育,增强农民的法制观念,提高农民依法行使权利和履行义务的自觉性。"多年普法实践证明,普及法律知识,提高法制观念，增强全社会依法办事意识具有重要作用。特别是在广大农村进行普法教育，是提高全民法律素质的需要。

多年来，我国在农村实行的改革开放取得了极大成功，农村发生了翻天覆地的变化，广大农民生活水平大大得到了提高。但是，由于历史和社会等原因，现阶段我国一些地区农民文化素质还不高，不学法、不懂法、不守法现象虽然较原来有所改变，但仍有相当一部分群众的法制观念仍很淡化，不懂、不愿借助法律来保护自身权益，这就极易受到不法的侵害，或极易进行违法犯罪活动，严重阻碍了全面建成小康社会和新农村步伐。

为此，根据党和政府的指示精神以及普法规划，特别是根据广大农村农民的现状，在有关部门和专家的指导下，特别编辑了这套《全国普法学习读本》。主要包括了广大人民群众应知应懂、实际实用的法律法规。为了辅导学习，附录还收入了相应法律法规的条例准则、实施细则、解读解答、案例分析等；同时为了突出法律法规的实际实用特点，兼顾地方性和特殊性，附录还收入了部分某些地方性法律法规以及非法律法规的政策文件、管理制度、应用表格等内容，拓展了本书的知识范围，使法律法规更"接地气"，便于读者学习掌握和实际应用。

在众多法律法规中，我们通过甄别，淘汰了废止的，精选了最新的、权威的和全面的。但有部分法律法规有些条款不适应当下情况了，却没有颁布新的，我们又不能擅自改动，只得保留原有条款，但附录却有相应的补充修改意见或通知等。众多法律法规根据不同内容和受众特点，经过归类组合，优化配套。整套普法读本非常全面系统，具有很强的学习性、实用性和指导性，非常适合用于广大农村和城乡普法学习教育与实践指导。总之，是全国全民普法的良好读本。

# 目　录

## 中华人民共和国循环经济促进法

第一章　总　则 …………………………………………（1）

第二章　基本管理制度 …………………………………（3）

第三章　减量化 …………………………………………（5）

第四章　再利用和资源化 ………………………………（8）

第五章　激励措施 ………………………………………（11）

第六章　法律责任 ………………………………………（13）

第七章　附　则 …………………………………………（15）

附　录

　　关于促进储能技术与产业发展的指导意见 …………（16）

## 中华人民共和国清洁生产促进法

第一章　总　则 …………………………………………（27）

第二章　清洁生产的推行 ………………………………（28）

第三章　清洁生产的实施 ………………………………（31）

第四章　鼓励措施 ………………………………………（33）

第五章　法律责任 ………………………………………（34）

第六章　附　则 …………………………………………（35）

## 公共机构节能条例

第一章　总　则 …………………………………………（36）

— 1 —

第二章 节能规划 …………………………………………… (38)
第三章 节能管理 …………………………………………… (38)
第四章 节能措施 …………………………………………… (41)
第五章 监督和保障 ………………………………………… (42)
第六章 附　则 ……………………………………………… (44)
附　录
　　关于印发节能发电调度试点工作方案和
　　实施细则（试行）的通知 ………………………………… (45)

## 中央企业节能减排监督管理暂行办法

第一章 总　则 ……………………………………………… (68)
第二章 节能减排工作基本要求 …………………………… (70)
第三章 节能减排统计监测与报告制度 …………………… (72)
第四章 节能减排考核 ……………………………………… (73)
第五章 节能减排奖惩 ……………………………………… (74)
第六章 附　则 ……………………………………………… (75)
附　录
　　中华人民共和国报废汽车回收管理办法细则 ………… (76)

## 再生资源回收管理办法

第一章 总　则 ……………………………………………… (85)
第二章 经营规则 …………………………………………… (85)
第三章 监督管理 …………………………………………… (87)
第四章 罚　则 ……………………………………………… (89)
第五章 附　则 ……………………………………………… (90)
附　录
　　"十三五"全民节能行动计划 ……………………………… (91)

## 目　录

### 高耗能特种设备节能监督管理办法

第一章　总　则 ……………………………………（107）
第二章　高耗能特种设备的生产 …………………（108）
第三章　高耗能特种设备的使用 …………………（110）
第四章　监督管理 …………………………………（112）
第五章　附　则 ……………………………………（113）

### 高效节能产品推广财政补助资金管理暂行办法

第一章　总　则 ……………………………………（115）
第二章　推广产品与推广企业 ……………………（115）
第三章　补助条件 …………………………………（116）
第四章　资金使用范围和补助标准 ………………（117）
第五章　补助资金申报和下达 ……………………（117）
第六章　监督管理 …………………………………（118）
第七章　附　则 ……………………………………（118）

### 重点用能单位节能管理办法（修订征求意见稿）

第一章　总　则 ……………………………………（120）
第二章　管理措施 …………………………………（122）
第三章　激励措施 …………………………………（126）
第四章　法律责任 …………………………………（128）
第五章　附　则 ……………………………………（131）

### 固定资产投资项目节能审查办法

固定资产投资项目节能审查办法 …………………（132）

# 中华人民共和国循环经济促进法

中华人民共和国主席令

第四号

《中华人民共和国循环经济促进法》已由中华人民共和国第十一届全国人民代表大会常务委员会第四次会议于2008年8月29日通过，现予公布，自2009年1月1日起施行。

中华人民共和国主席　胡锦涛

2008年8月29日

## 第一章　总　则

**第一条**　为了促进循环经济发展，提高资源利用效率，保护和改善环境，实现可持续发展，制定本法。

**第二条**　本法所称循环经济，是指在生产、流通和消费等过程中进行的减量化、再利用、资源化活动的总称。

本法所称减量化，是指在生产、流通和消费等过程中减少资源消耗和废物产生。

本法所称再利用，是指将废物直接作为产品或者经修复、翻新、再制造后继续作为产品使用，或者将废物的全部或者部分作为其他产品的部件予以使用。

本法所称资源化，是指将废物直接作为原料进行利用或者对废物进行再生利用。

**第三条** 发展循环经济是国家经济社会发展的一项重大战略，应当遵循统筹规划、合理布局，因地制宜、注重实效，政府推动、市场引导、企业实施、公众参与的方针。

**第四条** 发展循环经济应当在技术可行、经济合理和有利于节约资源、保护环境的前提下，按照减量化优先的原则实施。

在废物再利用和资源化过程中，应当保障生产安全，保证产品质量符合国家规定的标准，并防止产生再次污染。

**第五条** 国务院循环经济发展综合管理部门负责组织协调、监督管理全国循环经济发展工作；国务院环境保护等有关主管部门按照各自的职责负责有关循环经济的监督管理工作。

县级以上地方人民政府循环经济发展综合管理部门负责组织协调、监督管理本行政区域的循环经济发展工作；县级以上地方人民政府环境保护等有关主管部门按照各自的职责负责有关循环经济的监督管理工作。

**第六条** 国家制定产业政策，应当符合发展循环经济的要求。

县级以上人民政府编制国民经济和社会发展规划及年度计划，县级以上人民政府有关部门编制环境保护、科学技术等规划，应当包括发展循环经济的内容。

**第七条** 国家鼓励和支持开展循环经济科学技术的研究、开发和推广，鼓励开展循环经济宣传、教育、科学知识普及和国际合作。

**第八条** 县级以上人民政府应当建立发展循环经济的目标责任制，采取规划、财政、投资、政府采购等措施，促进循环经济发展。

**第九条** 企业事业单位应当建立健全管理制度，采取措施，降低资源消耗，减少废物的产生量和排放量，提高废物的再利用和资源化水平。

**第十条** 公民应当增强节约资源和保护环境意识，合理消费，节约资源。

国家鼓励和引导公民使用节能、节水、节材和有利于保护环境的产品及再生产品，减少废物的产生量和排放量。

公民有权举报浪费资源、破坏环境的行为，有权了解政府发展循环经济的信息并提出意见和建议。

**第十一条** 国家鼓励和支持行业协会在循环经济发展中发挥技术指导和服务作用。县级以上人民政府可以委托有条件的行业协会等社会组织开展促进循环经济发展的公共服务。

国家鼓励和支持中介机构、学会和其他社会组织开展循环经济宣传、技术推广和咨询服务，促进循环经济发展。

## 第二章 基本管理制度

**第十二条** 国务院循环经济发展综合管理部门会同国务院环境保护等有关主管部门编制全国循环经济发展规划，报国务院批准后公布施行。设区的市级以上地方人民政府循环经济发展综合管理部门会同本级人民政府环境保护等有关主管部门编制本行政区域循环经济发展规划，报本级人民政府批准后公布施行。

循环经济发展规划应当包括规划目标、适用范围、主要内容、重点任务和保障措施等，并规定资源产出率、废物再利用和资源化率等指标。

第十三条　县级以上地方人民政府应当依据上级人民政府下达的本行政区域主要污染物排放、建设用地和用水总量控制指标，规划和调整本行政区域的产业结构，促进循环经济发展。

新建、改建、扩建建设项目，必须符合本行政区域主要污染物排放、建设用地和用水总量控制指标的要求。

第十四条　国务院循环经济发展综合管理部门会同国务院统计、环境保护等有关主管部门建立和完善循环经济评价指标体系。

上级人民政府根据前款规定的循环经济主要评价指标，对下级人民政府发展循环经济的状况定期进行考核，并将主要评价指标完成情况作为对地方人民政府及其负责人考核评价的内容。

第十五条　生产列入强制回收名录的产品或者包装物的企业，必须对废弃的产品或者包装物负责回收；对其中可以利用的，由各该生产企业负责利用；对因不具备技术经济条件而不适合利用的，由各该生产企业负责无害化处置。

对前款规定的废弃产品或者包装物，生产者委托销售者或者其他组织进行回收的，或者委托废物利用或者处置企业进行利用或者处置的，受托方应当依照有关法律、行政法规的规定和合同的约定负责回收或者利用、处置。

对列入强制回收名录的产品和包装物，消费者应当将废弃的产品或者包装物交给生产者或者其委托回收的销售者或者其他组织。

强制回收的产品和包装物的名录及管理办法，由国务院循环经济发展综合管理部门规定。

第十六条　国家对钢铁、有色金属、煤炭、电力、石油加工、化工、建材、建筑、造纸、印染等行业年综合能源消费量、用水量超过国家规定总量的重点企业，实行能耗、水耗的重点监督管理制度。

重点能源消费单位的节能监督管理，依照《中华人民共和国节约能源法》的规定执行。

重点用水单位的监督管理办法，由国务院循环经济发展综合管理部门会同国务院有关部门规定。

第十七条　国家建立健全循环经济统计制度，加强资源消耗、综合利用和废物产生的统计管理，并将主要统计指标定期向社会公布。

国务院标准化主管部门会同国务院循环经济发展综合管理和环境保护等有关主管部门建立健全循环经济标准体系，制定和完善节能、节水、节材和废物再利用、资源化等标准。

国家建立健全能源效率标识等产品资源消耗标识制度。

## 第三章　减量化

第十八条　国务院循环经济发展综合管理部门会同国务院环境保护等有关主管部门，定期发布鼓励、限制和淘汰的技术、工艺、设备、材料和产品名录。

禁止生产、进口、销售列入淘汰名录的设备、材料和产品，禁止使用列入淘汰名录的技术、工艺、设备和材料。

第十九条　从事工艺、设备、产品及包装物设计，应当按照减少资源消耗和废物产生的要求，优先选择采用易回收、易拆解、易降解、无毒无害或者低毒低害的材料和设计方案，并应当符合有关国家标准的强制性要求。

对在拆解和处置过程中可能造成环境污染的电器电子等产品，不得设计使用国家禁止使用的有毒有害物质。禁止在电器电子等产品中使用的有毒有害物质名录，由国务院循环经济发展综合管理部门会同国务院环境保护等有关主管部门制定。

设计产品包装物应当执行产品包装标准，防止过度包装造成资源浪费和环境污染。

**第二十条** 工业企业应当采用先进或者适用的节水技术、工艺和设备，制定并实施节水计划，加强节水管理，对生产用水进行全过程控制。

工业企业应当加强用水计量管理，配备和使用合格的用水计量器具，建立水耗统计和用水状况分析制度。

新建、改建、扩建建设项目，应当配套建设节水设施。节水设施应当与主体工程同时设计、同时施工、同时投产使用。

国家鼓励和支持沿海地区进行海水淡化和海水直接利用，节约淡水资源。

**第二十一条** 国家鼓励和支持企业使用高效节油产品。

电力、石油加工、化工、钢铁、有色金属和建材等企业，必须在国家规定的范围和期限内，以洁净煤、石油焦、天然气等清洁能源替代燃料油，停止使用不符合国家规定的燃油发电机组和燃油锅炉。

内燃机和机动车制造企业应当按照国家规定的内燃机和机动车燃油经济性标准，采用节油技术，减少石油产品消耗量。

**第二十二条** 开采矿产资源，应当统筹规划，制定合理的开发利用方案，采用合理的开采顺序、方法和选矿工艺。采矿许可证颁发机关应当对申请人提交的开发利用方案中的开采回采率、采矿贫化率、选矿回收率、矿山水循环利用率和土地复垦率等指标依法进行审查；审查不合格的，不予颁发采矿许可证。采矿许可证颁发机关应当依法加强对开采矿产资源的监督管理。

矿山企业在开采主要矿种的同时，应当对具有工业价值的共生和伴生矿实行综合开采、合理利用；对必须同时采出而暂时不能利用的矿产以及含有有用组分的尾矿，应当采取保护措施，防止资源损失和生态破坏。

**第二十三条** 建筑设计、建设、施工等单位应当按照国家有关规定和标准，对其设计、建设、施工的建筑物及构筑物采用节能、节水、节地、节材的技术工艺和小型、轻型、再生产品。有条件的地区，应当充分利用太阳能、地热能、风能等可再生能源。

国家鼓励利用无毒无害的固体废物生产建筑材料，鼓励使用散装水泥，推广使用预拌混凝土和预拌砂浆。

禁止损毁耕地烧砖。在国务院或者省、自治区、直辖市人民政府规定的期限和区域内，禁止生产、销售和使用粘土砖。

**第二十四条** 县级以上人民政府及其农业等主管部门应当推进土地集约利用，鼓励和支持农业生产者采用节水、节肥、节药的先进种植、养殖和灌溉技术，推动农业机械节能，优先发展生态农业。

在缺水地区，应当调整种植结构，优先发展节水型农业，推进雨水集蓄利用，建设和管护节水灌溉设施，提高用水效率，减少水的蒸发和漏失。

**第二十五条** 国家机关及使用财政性资金的其他组织应当厉行节约、杜绝浪费，带头使用节能、节水、节地、节材和有利于保护环境的产品、设备和设施，节约使用办公用品。国务院和县级以上地方人民政府管理机关事务工作的机构会同本级人民政府有关部门制定本级国家机关等机构的用能、用水定额指标，财政部门根据该定额指标制定支出标准。

城市人民政府和建筑物的所有者或者使用者，应当采取措施，加强建筑物维护管理，延长建筑物使用寿命。对符合城市规划和工程建设标准，在合理使用寿命内的建筑物，除为了公共利益的需要外，城市人民政府不得决定拆除。

第二十六条　餐饮、娱乐、宾馆等服务性企业，应当采用节能、节水、节材和有利于保护环境的产品，减少使用或者不使用浪费资源、污染环境的产品。

本法施行后新建的餐饮、娱乐、宾馆等服务性企业，应当采用节能、节水、节材和有利于保护环境的技术、设备和设施。

第二十七条　国家鼓励和支持使用再生水。在有条件使用再生水的地区，限制或者禁止将自来水作为城市道路清扫、城市绿化和景观用水使用。

第二十八条　国家在保障产品安全和卫生的前提下，限制一次性消费品的生产和销售。具体名录由国务院循环经济发展综合管理部门会同国务院财政、环境保护等有关主管部门制定。

对列入前款规定名录中的一次性消费品的生产和销售，由国务院财政、税务和对外贸易等主管部门制定限制性的税收和出口等措施。

## 第四章　再利用和资源化

第二十九条　县级以上人民政府应当统筹规划区域经济布局，合理调整产业结构，促进企业在资源综合利用等领域进行合作，实现资源的高效利用和循环使用。

各类产业园区应当组织区内企业进行资源综合利用，促进循环经济发展。

国家鼓励各类产业园区的企业进行废物交换利用、能量梯级利用、土地集约利用、水的分类利用和循环使用，共同使用基础设施和其他有关设施。

新建和改造各类产业园区应当依法进行环境影响评价，并采取生态保护和污染控制措施，确保本区域的环境质量达到规定的标准。

第三十条　企业应当按照国家规定，对生产过程中产生的粉煤灰、煤矸石、尾矿、废石、废料、废气等工业废物进行综合利用。

第三十一条　企业应当发展串联用水系统和循环用水系统，提高水的重复利用率。

企业应当采用先进技术、工艺和设备，对生产过程中产生的废水进行再生利用。

第三十二条　企业应当采用先进或者适用的回收技术、工艺和设备，对生产过程中产生的余热、余压等进行综合利用。

建设利用余热、余压、煤层气以及煤矸石、煤泥、垃圾等低热值燃料的并网发电项目，应当依照法律和国务院的规定取得行政许可或者报送备案。电网企业应当按照国家规定，与综合利用资源发电的企业签订并网协议，提供上网服务，并全额收购并网发电项目的上网电量。

第三十三条　建设单位应当对工程施工中产生的建筑废物进行综合利用；不具备综合利用条件的，应当委托具备条件的生产经营者进行综合利用或者无害化处置。

第三十四条　国家鼓励和支持农业生产者和相关企业采用先

进或者适用技术,对农作物秸秆、畜禽粪便、农产品加工业副产品、废农用薄膜等进行综合利用,开发利用沼气等生物质能源。

**第三十五条** 县级以上人民政府及其林业主管部门应当积极发展生态林业,鼓励和支持林业生产者和相关企业采用木材节约和代用技术,开展林业废弃物和次小薪材、沙生灌木等综合利用,提高木材综合利用率。

**第三十六条** 国家支持生产经营者建立产业废物交换信息系统,促进企业交流产业废物信息。

企业对生产过程中产生的废物不具备综合利用条件的,应当提供给具备条件的生产经营者进行综合利用。

**第三十七条** 国家鼓励和推进废物回收体系建设。

地方人民政府应当按照城乡规划,合理布局废物回收网点和交易市场,支持废物回收企业和其他组织开展废物的收集、储存、运输及信息交流。

废物回收交易市场应当符合国家环境保护、安全和消防等规定。

**第三十八条** 对废电器电子产品、报废机动车船、废轮胎、废铅酸电池等特定产品进行拆解或者再利用,应当符合有关法律、行政法规的规定。

**第三十九条** 回收的电器电子产品,经过修复后销售的,必须符合再利用产品标准,并在显著位置标识为再利用产品。

回收的电器电子产品,需要拆解和再生利用的,应当交售给具备条件的拆解企业。

**第四十条** 国家支持企业开展机动车零部件、工程机械、机床等产品的再制造和轮胎翻新。

销售的再制造产品和翻新产品的质量必须符合国家规定的标

准，并在显著位置标识为再制造产品或者翻新产品。

第四十一条　县级以上人民政府应当统筹规划建设城乡生活垃圾分类收集和资源化利用设施，建立和完善分类收集和资源化利用体系，提高生活垃圾资源化率。

县级以上人民政府应当支持企业建设污泥资源化利用和处置设施，提高污泥综合利用水平，防止产生再次污染。

## 第五章　激励措施

第四十二条　国务院和省、自治区、直辖市人民政府设立发展循环经济的有关专项资金，支持循环经济的科技研究开发、循环经济技术和产品的示范与推广、重大循环经济项目的实施、发展循环经济的信息服务等。具体办法由国务院财政部门会同国务院循环经济发展综合管理等有关主管部门制定。

第四十三条　国务院和省、自治区、直辖市人民政府及其有关部门应当将循环经济重大科技攻关项目的自主创新研究、应用示范和产业化发展列入国家或者省级科技发展规划和高技术产业发展规划，并安排财政性资金予以支持。

利用财政性资金引进循环经济重大技术、装备的，应当制定消化、吸收和创新方案，报有关主管部门审批并由其监督实施；有关主管部门应当根据实际需要建立协调机制，对重大技术、装备的引进和消化、吸收、创新实行统筹协调，并给予资金支持。

第四十四条　国家对促进循环经济发展的产业活动给予税收优惠，并运用税收等措施鼓励进口先进的节能、节水、节材等技术、设备和产品，限制在生产过程中耗能高、污染重的产品的出口。具体办法由国务院财政、税务主管部门制定。

企业使用或者生产列入国家清洁生产、资源综合利用等鼓励名录的技术、工艺、设备或者产品的，按照国家有关规定享受税收优惠。

**第四十五条** 县级以上人民政府循环经济发展综合管理部门在制定和实施投资计划时，应当将节能、节水、节地、节材、资源综合利用等项目列为重点投资领域。

对符合国家产业政策的节能、节水、节地、节材、资源综合利用等项目，金融机构应当给予优先贷款等信贷支持，并积极提供配套金融服务。

对生产、进口、销售或者使用列入淘汰名录的技术、工艺、设备、材料或者产品的企业，金融机构不得提供任何形式的授信支持。

**第四十六条** 国家实行有利于资源节约和合理利用的价格政策，引导单位和个人节约和合理使用水、电、气等资源性产品。

国务院和省、自治区、直辖市人民政府的价格主管部门应当按照国家产业政策，对资源高消耗行业中的限制类项目，实行限制性的价格政策。

对利用余热、余压、煤层气以及煤矸石、煤泥、垃圾等低热值燃料的并网发电项目，价格主管部门按照有利于资源综合利用的原则确定其上网电价。

省、自治区、直辖市人民政府可以根据本行政区域经济社会发展状况，实行垃圾排放收费制度。收取的费用专项用于垃圾分类、收集、运输、贮存、利用和处置，不得挪作他用。

国家鼓励通过以旧换新、押金等方式回收废物。

**第四十七条** 国家实行有利于循环经济发展的政府采购政策。使用财政性资金进行采购的，应当优先采购节能、节水、节材和有利于保护环境的产品及再生产品。

第四十八条 县级以上人民政府及其有关部门应当对在循环经济管理、科学技术研究、产品开发、示范和推广工作中做出显著成绩的单位和个人给予表彰和奖励。

企业事业单位应当对在循环经济发展中做出突出贡献的集体和个人给予表彰和奖励。

## 第六章 法律责任

第四十九条 县级以上人民政府循环经济发展综合管理部门或者其他有关主管部门发现违反本法的行为或者接到对违法行为的举报后不予查处，或者有其他不依法履行监督管理职责行为的，由本级人民政府或者上一级人民政府有关主管部门责令改正，对直接负责的主管人员和其他直接责任人员依法给予处分。

第五十条 生产、销售列入淘汰名录的产品、设备的，依照《中华人民共和国产品质量法》的规定处罚。

使用列入淘汰名录的技术、工艺、设备、材料的，由县级以上地方人民政府循环经济发展综合管理部门责令停止使用，没收违法使用的设备、材料，并处五万元以上二十万元以下的罚款；情节严重的，由县级以上人民政府循环经济发展综合管理部门提出意见，报请本级人民政府按照国务院规定的权限责令停业或者关闭。

违反本法规定，进口列入淘汰名录的设备、材料或者产品的，由海关责令退运，可以处十万元以上一百万元以下的罚款。进口者不明的，由承运人承担退运责任，或者承担有关处置费用。

第五十一条 违反本法规定，对在拆解或者处置过程中可能造成环境污染的电器电子等产品,设计使用列入国家禁止使用名录的有毒有害物质的,由县级以上地方人民政府产品质量监督部门责令限期改正;逾期不改正的,处二万元以上二十万元以下的罚款;情节严重的,由县级以上地方人民政府产品质量监督部门向本级工商行政管理部门通报有关情况,由工商行政管理部门依法吊销营业执照。

第五十二条　违反本法规定,电力、石油加工、化工、钢铁、有色金属和建材等企业未在规定的范围或者期限内停止使用不符合国家规定的燃油发电机组或者燃油锅炉的,由县级以上地方人民政府循环经济发展综合管理部门责令限期改正;逾期不改正的,责令拆除该燃油发电机组或者燃油锅炉,并处五万元以上五十万元以下的罚款。

第五十三条　违反本法规定,矿山企业未达到经依法审查确定的开采回采率、采矿贫化率、选矿回收率、矿山水循环利用率和土地复垦率等指标的,由县级以上人民政府地质矿产主管部门责令限期改正,处五万元以上五十万元以下的罚款;逾期不改正的,由采矿许可证颁发机关依法吊销采矿许可证。

第五十四条　违反本法规定,在国务院或者省、自治区、直辖市人民政府规定禁止生产、销售、使用粘土砖的期限或者区域内生产、销售或者使用粘土砖的,由县级以上地方人民政府指定的部门责令限期改正;有违法所得的,没收违法所得;逾期继续生产、销售的,由地方人民政府工商行政管理部门依法吊销营业执照。

第五十五条　违反本法规定,电网企业拒不收购企业利用余热、余压、煤层气以及煤矸石、煤泥、垃圾等低热值燃料生产的电力的,由国家电力监管机构责令限期改正;造成企业损失的,依法承担赔偿责任。

**第五十六条** 违反本法规定,有下列行为之一的,由地方人民政府工商行政管理部门责令限期改正,可以处五千元以上五万元以下的罚款;逾期不改正的,依法吊销营业执照;造成损失的,依法承担赔偿责任:

(一)销售没有再利用产品标识的再利用电器电子产品的;

(二)销售没有再制造或者翻新产品标识的再制造或者翻新产品的。

**第五十七条** 违反本法规定,构成犯罪的,依法追究刑事责任。

## 第七章 附 则

**第五十八条** 本法自 2009 年 1 月 1 日起施行。

# 附 录

## 关于促进储能技术与产业
## 发展的指导意见

发改能源〔2017〕1701号

各省、自治区、直辖市及计划单列市、新疆生产建设兵团发展改革委、能源局，国家电网公司、南方电网公司：

储能是智能电网、可再生能源高占比能源系统、"互联网+"智慧能源（以下简称能源互联网）的重要组成部分和关键支撑技术。储能能够为电网运行提供调峰、调频、备用、黑启动、需求响应支撑等多种服务，是提升传统电力系统灵活性、经济性和安全性的重要手段；储能能够显著提高风、光等可再生能源的消纳水平，支撑分布式电力及微网，是推动主体能源由化石能源向可再生能源更替的关键技术；储能能够促进能源生产消费开放共享和灵活交易、实现多能协同，是构建能源互联网，推动电力体制改革和促进能源新业态发展的核心基础。

近年来，我国储能呈现多元发展的良好态势：抽水蓄能发展迅速；压缩空气储能、飞轮储能，超导储能和超级电容，铅蓄电池、锂离子电池、钠硫电池、液流电池等储能技术研发应用加速；储热、储冷、储氢技术也取得了一定进展。我国储能技术总体上已经初步具备了产业化的基础。加快储能技术与产业发展，对于构建"清洁低碳、安全高效"的现代能源产业体系，推进我国能源行业供给侧改革、推动能源生产和利用方式变革具有重要战略意义，同时还将带动从材料制备到系统集成全产业链发展，成为提升产业发展水平、推动经济社会发展的新动能。为贯彻习近平总书记关于"四个革命、一个合作"的能源战略思想，落实《中华人民共和国国民经济和社会发展第十三个五年规划纲要》和《能源生产和消费革命战略（2016—2030）》任务，促进储能技术与产业发展，提出如下意见。

一、总体要求

（一）指导思想

全面贯彻党的十八大和十八届三中、四中、五中、六中全会精神，深入贯彻习近平总书记系列重要讲话精神，按照中央财经领导小组第六次、第十四次会议和国家能源委员会第一次、第二次会议重大决策部署要求，适应和引领经济社会发展新常态，着眼能源产业全局和长远发展需求，紧密围绕改革创新，以机制突破为重点、以技术创新为基础、以应用示范为手段，大力发展"互联网+"智慧能源，促进储能技术和产业发展，支撑和推动能源革命，为实现我国从能源大国向能源强国转变和经济提质增效提供技术支撑和产业保障。

（二）基本原则

政府引导、企业参与。加强顶层设计，加大政策支持，研究出台金融等配套措施，统筹解决行业创新与发展重大共性问题。加强引导和信息服务，推动储能设施合理开放，鼓励多元市场主体公平参与市场竞争。

创新引领、示范先行。营造开放包容的创新环境，鼓励各种形式的技术、机制及商业模式创新。充分发挥示范工程的试点作用，推进储能新技术与新模式先行先试，形成万众创新良好氛围。

市场主导、改革助推。充分发挥市场在资源配置中的决定性作用，鼓励社会资本进入储能领域。结合电力体制改革进程，逐步建立完善电力市场化交易和灵活性资源的价格形成机制，还原能源商品属性，着力破解体制机制障碍。

统筹规划、协调发展。加强统筹规划，优化储能项目布局。重视上下游协调发展，优化从材料、部件、系统、运营到回收再利用的完整产业链。在确保安全的前提下发展储能，健全标准、检测和认证体系，确保产品质量和有序竞争。推行绿色设计理念，研究建立储能产品的梯级利用与回收体系，加强监管，杜绝污染。

（三）发展目标

未来10年内分两个阶段推进相关工作，第一阶段实现储能由研发示范向商业化初期过渡；第二阶段实现商业化初期向规模化发展转变。

"十三五"期间，建成一批不同技术类型、不同应用场景的试点示范项目；研发一批重大关键技术与核心装备，主要储能技术达到国际先进水平；初步建立储能技术标准体系，形成一批重点技术规范和标准；探索一批可推广的商业模式；培育一批有竞争力的市场主体。储能产业发展进入商业化初期，储能对于能源体系转型的关键作用初步显现。

"十四五"期间，储能项目广泛应用，形成较为完整的产业体系，成为能源领域经济新增长点；全面掌握具有国际领先水平的储能关键技术和核心装备，部分储能技术装备引领国际发展；形成较为完善的技术和标准体系并拥有国际话语权；基于电力与能源市场的多种储能商业模式蓬勃发展；形成一批有国际竞争力的市场主体。储能产业规模化发展，储能在推动能源变革和能源互联网发展中的作用全面展现。

二、重点任务

（一）推进储能技术装备研发示范

集中攻关一批具有关键核心意义的储能技术和材料。加强基础、共性技术攻关，围绕低成本、长寿命、高安全性、高能量密度的总体目标，开展储能原理和关键材料、单元、模块、系统和回收技术研究，发展储能材料与器件测试分析和模拟仿真。重点包括变速抽水蓄能技术、大规模新型压缩空气储能技术、化学储电的各种新材料制备技术、高温超导磁储能技术、相变储热材料与高温储热技术、储能系统集成技术、能量管理技术等。

试验示范一批具有产业化潜力的储能技术和装备。针对不同应用场景和需求，开发分别适用于长时间大容量、短时间大容量、分布式以及高功率等模式应用的储能技术装备。大力发展储能系统集成与智能控制技术，实现储能与现代电力系统协调优化运行。重点包括 10mw/100mwh 级超临界压缩空气储能系统、10mw/1000mj 级飞轮储能阵列机组、100mw 级锂离子电池储能系统、大容量新型熔盐储热装置、应用于智能电网及分布式发电的超级电容电能质量调节系统等。

应用推广一批具有自主知识产权的储能技术和产品。加强引导和扶持，促进产学研用结合，加速技术转化。鼓励储能产品生产企业采用先进制造技术和理念提质增效，鼓励创新投融资模式降低成本，鼓励通过参与国外应用市场拉动国内装备制造水平提升。重点包括 100mw 级全钒液流电池储能电站、高性能铅炭电容电池储能系统等。

完善储能产品标准和检测认证体系。建立与国际接轨、涵盖储能规划设计、设备及试验、施工及验收、并网及检测、运行与维护等各应用环节的标准体系，并随着技术发展和市场需求不断完善。完善储能产品性能、安全性等检测认证标准，建立国家级储能检测认证机构，加强和完善储能产品全寿命周期质量监管。建立和完善不合格产品召回制度。

（二）推进储能提升可再生能源利用水平应用示范

鼓励可再生能源场站合理配置储能系统。研究确定不同特性储能系统接入方式、并网适应性、运行控制、涉网保护、信息交换及安全防护等方面的要求，对于满足要求的储能系统，电网应准予接入并将其纳入电网调度管理。

推动储能系统与可再生能源协调运行。鼓励储能与可再生能源场站作为联合体参与电网运行优化，接受电网运行调度，实现平滑出力波动、提升消纳能力、为电网提供辅助服务等功能。电网企业应将联合体作为特殊的"电厂"对待，在政府指导下签订并网调度协议和购售电合同，联合体享有相应的权利并承担应有的义务。

研究建立可再生能源场站侧储能补偿机制。研究和定量评估可再生能源场站侧配置储能设施的价值，探索合理补偿方式。

支持应用多种储能促进可再生能源消纳。支持在可再生能源消纳问题突出的地区开展可再生能源储电、储热、制氢等多种形式能源存储与输出利用；推进风电储热、风电制氢等试点示范工程的建设。

（三）推进储能提升电力系统灵活性稳定性应用示范

支持储能系统直接接入电网。研究储能接入电网的容量范围、电压等级、并网适应性、运行控制、涉网保护、信息交互及安全防护等技术要求。鼓励电网等企业根据相关国家或行业标准要求结合需求集中或分布式接入储能系统，并开展运行优化技术研究和应用示范。支持各类主体按照市场化原则投资建设运营接入电网的储能系统。鼓励利用淘汰或退役发电厂既有线路和设施建设储能系统。

建立健全储能参与辅助服务市场机制。参照火电厂提供辅助服务等相关政策和机制，允许储能系统与机组联合或作为独立主体参与辅助服务交易。根据电力市场发展逐步优化，在遵循自愿的交易原则基础上，形成"按效果付费、谁受益谁付费"的市场机制。

探索建立储能容量电费和储能参与容量市场的规则机制。结合电力体制改革，参考抽水蓄能相关政策，探索建立储能容量电费和储能参与容量市场的规则，对满足条件的各类大规模储能系统给予容量补偿。

（四）推进储能提升用能智能化水平应用示范

鼓励在用户侧建设分布式储能系统。研究制定用户侧接入储能的准入政策和技术标准，引导和规范用户侧分布式电储能系统建设运行。支持具有配电网经营权的售电公司和具备条件的居民用户配置储能，提高分布式能源本地消纳比例、参与需求响应，降低用能成本，鼓励相关商业模式探索。

完善用户侧储能系统支持政策。结合电力体制改革，允许储能通过市场化方式参与电能交易。支持用户侧建设的一定规模的电储能设施与发电企业联合或作为独立主体参与调频、调峰等辅助服务。

支持微电网和离网地区配置储能。鼓励通过配置多种储能提高微电网供电的可靠性和电能质量；积极探索含储能的微电网参与电能交易、电网运行优化的新技术和新模式。鼓励开发经济适用的储能系统解决或优化无电人口供电方式。

（五）推进储能多元化应用支撑能源互联网应用示范

提升储能系统的信息化和管控水平。在确保网络信息安全的前提下，促进储能基础设施与信息技术的深度融合，支持能量信息化技术的研发应用。逐步实现对储能的能源互联网管控，提高储能资源的利用效率，充分发挥储能系统在能源互联网中的多元化作用。

鼓励基于多种储能实现能源互联网多能互补、多源互动。鼓励大型综合能源基地合理配置储能系统，实现风光水火储多能互补。支持开放共享的分布式储能大数据平台和能量服务平台的建设。鼓励家庭、园区、区域等不同层次的终端用户互补利用各类能源和储能资源，实现多能协同和能源综合梯级利用。

拓展电动汽车等分散电池资源的储能化应用。积极开展电动汽车智能充放电业务，探索电动汽车动力电池、通讯基站电池、不间断电源（ups）等分散电池资源的能源互联网管控和储能化应用。完善动力电池全生命周期监管，开展对淘汰动力电池进行储能梯次利用研究。

三、保障措施

（一）加强组织领导

国家发展改革委、国家能源局会同财政部、科技部、工业和信息化部等有关部门统筹协调解决重大问题，建立完善扶持政策，切实推动各项措施落实到位，形成政、产、学、研、用结合的发展局面。依托行业力量建设国家级储能技术创新平台；充分发挥专业协（学）会、研究会作用，引导行业创新方向。建立储能专业咨询委员会，为政府决策提供支撑。推动成立国家级产业联盟，加强产业研究、建立信息渠道。鼓励各省级政府依照已出台的智能电网、微电网、多能互补、"互联网+"智慧能源、电动汽车充电设施、废旧动力蓄电池回收利用、配电网建设、电力现货市场等相关政策对储能进行支持，并根据实际情况出台配套政策、给予资金支持和开展试点示范工作，对符合条件的储能企业可按规定享受相关税收优惠政策，将储能纳入智能电网、能源装备制造等专项资金重点支持方向，在具备条件的地区开展技术与政策机制综合性区域试点示范，鼓励清洁能源示范省因地制宜发展储能。各地能源及相关主管部门应结合实际，研究制定适合本地的落实方案，因地制宜，科学组织，杜绝盲目建设和重复投资，务实有序推进储能技术和产业发展。国家能源局各派出能源监管机构根据职责积极参与相关机制研究，加强安全和市场监管，督促相关政策和重大示范工程的落实。

（二）完善政策法规

建立健全相关法律法规，保障储能产业健康有序发展。加强电力体制改革与储能发展市场机制的协同对接，结合电力市场建设研究形成储能应用价格机制。积极开展储能创新应用政策试点，破除设备接入、主体身份、数据交互、交易机制等方面的政策壁垒，研究制定适应储能新模式发展特点的金融、保险等相关政策法规。加强储能技术、产品和模式等的知识产权管理与保护。加强储能安全与环保政策法规及标准体系建设，研究建立储能产品生产者责任延伸制度。鼓励储能系统开发采用标准化、通用性及易拆解的结构设计，协商开放储能控制系统接口和通讯协议等利于回收利用的相关信息。

（三）开展试点示范

围绕促进可再生能源消纳、发展分布式电力和微网、提升电力系统灵活性、加快建设能源互联网等重大需求，布局一批具有引领作用的重大储能试点示范工程。跟踪试点示范项目建设运营情况，建立健全促进行业可持续发展的体制机制。鼓励和支持国家级可再生能源示范区及其他具备条件的地区、部门和企业，因地制宜开展各类储能技术应用试点示范。在技术创新、运营模式、发展业态和体制机制等方面深入探索，先行先试，总结积累可推广的成功经验。

（四）建立补偿机制

结合电力体制改革，研究推动储能参与电力市场交易获得合理补偿的政策和建立与电力市场化运营服务相配套的储能服务补偿机制。推动储能参与电力辅助服务补偿机制试点工作，建立相配套的储能容量电费机制。建立健全补偿监管机制，严惩违规行为。

（五）引导社会投资

落实简政放权精神，研究建立程序简化、促进投资的储能投资管理机制，对于独立的储能项目，除《政府核准的投资项目目录》已有规定的，一律实行备案制，按照属地原则备案，备案机关及其权限由省、自治区、直辖市和计划单列市人民政府规定。企业按照地方有关规定向主管部门备案。充分发挥中央财政科技计划（专项、基金）作用，支持开展储能基础、共性和关键技术研发。研究通过中央和地方基建投资实施先进储能示范工程，引导社会资本加快先进储能技术的推广应用。鼓励通过金融创新降低储能发展准入门槛和风险，支持采用多种融资方式，引导更多的社会资本投向储能产业。

（六）推动市场改革

加快电力市场建设，建立储能等灵活性资源市场化交易机制和价格形成机制，鼓励储能直接参与市场交易，通过市场机制实现盈利,激发市场活力。建立健全准入制度,鼓励第三方资本、小微型企业等新兴市场主体参与市场,促进各类所有制企业的平等、协同发展。

(七)夯实发展基础

依托行业建立储能信息公共平台,加强信息对接、共享共用和交易服务。创新人才引进和培养机制,引进一批领军人才,培育一批专业人才,形成支持储能产业的智力保障体系。加强宣传,扩大示范带动效应,吸引更多社会资源参与储能技术研究和产业创新发展。

国家发展改革委<br>
财政部<br>
科学技术部<br>
工业和信息化部<br>
国家能源局<br>
2017 年 9 月 22 日

# 中华人民共和国清洁生产促进法

中华人民共和国主席令
第五十四号

《全国人民代表大会常务委员会关于修改〈中华人民共和国清洁生产促进法〉的决定》已由中华人民共和国第十一届全国人民代表大会常务委员会第二十五次会议于2012年2月29日通过，现予公布，自2012年7月1日起施行。

中华人民共和国主席　胡锦涛
2012年2月29日

（2002年6月29日第九届全国人民代表大会常务委员会第二十八次会议通过；根据2012年2月29日第十一届全国人民代表大会常务委员会第二十五次会议《关于修改〈中华人民共和国清洁生产促进法〉的决定》修正）

# 第一章 总 则

**第一条** 为了促进清洁生产，提高资源利用效率，减少和避免污染物的产生，保护和改善环境，保障人体健康，促进经济与社会可持续发展，制定本法。

**第二条** 本法所称清洁生产，是指不断采取改进设计、使用清洁的能源和原料、采用先进的工艺技术与设备、改善管理、综合利用等措施，从源头削减污染，提高资源利用效率，减少或者避免生产、服务和产品使用过程中污染物的产生和排放，以减轻或者消除对人类健康和环境的危害。

**第三条** 在中华人民共和国领域内，从事生产和服务活动的单位以及从事相关管理活动的部门依照本法规定，组织、实施清洁生产。

**第四条** 国家鼓励和促进清洁生产。国务院和县级以上地方人民政府，应当将清洁生产促进工作纳入国民经济和社会发展规划、年度计划以及环境保护、资源利用、产业发展、区域开发等规划。

**第五条** 国务院清洁生产综合协调部门负责组织、协调全国的清洁生产促进工作。国务院环境保护、工业、科学技术、财政部门和其他有关部门，按照各自的职责，负责有关的清洁生产促进工作。

县级以上地方人民政府负责领导本行政区域内的清洁生产促进工作。县级以上地方人民政府确定的清洁生产综合协调部门负责组织、协调本行政区域内的清洁生产促进工作。县级以上地方人民政府其他有关部门，按照各自的职责，负责有关的清洁生产促进工作。

**第六条** 国家鼓励开展有关清洁生产的科学研究、技术开发和国际合作，组织宣传、普及清洁生产知识，推广清洁生产技术。

国家鼓励社会团体和公众参与清洁生产的宣传、教育、推广、实施及监督。

## 第二章 清洁生产的推行

**第七条** 国务院应当制定有利于实施清洁生产的财政税收政策。

国务院及其有关部门和省、自治区、直辖市人民政府，应当制定有利于实施清洁生产的产业政策、技术开发和推广政策。

**第八条** 国务院清洁生产综合协调部门会同国务院环境保护、工业、科学技术部门和其他有关部门，根据国民经济和社会发展规划及国家节约资源、降低能源消耗、减少重点污染物排放的要求，编制国家清洁生产推行规划，报经国务院批准后及时公布。

国家清洁生产推行规划应当包括：推行清洁生产的目标、主要任务和保障措施，按照资源能源消耗、污染物排放水平确定开展清洁生产的重点领域、重点行业和重点工程。

国务院有关行业主管部门根据国家清洁生产推行规划确定本行业清洁生产的重点项目，制定行业专项清洁生产推行规划并组织实施。

县级以上地方人民政府根据国家清洁生产推行规划、有关行业专项清洁生产推行规划，按照本地区节约资源、降低能源消耗、减少重点污染物排放的要求，确定本地区清洁生产的重点项目，制定推行清洁生产的实施规划并组织落实。

**第九条** 中央预算应当加强对清洁生产促进工作的资金投入，包括中央财政清洁生产专项资金和中央预算安排的其他清洁生产资金，用于支持国家清洁生产推行规划确定的重点领域、重点行业、重点工程实施清洁生产及其技术推广工作，以及生态脆弱地区实施清洁生产的项目。中央预算用于支持清洁生产促进工作的资金使用的具体办法，由国务院财政部门、清洁生产综合协调部门会同国务院有关部门制定。

县级以上地方人民政府应当统筹地方财政安排的清洁生产促进工作的资金，引导社会资金，支持清洁生产重点项目。

**第十条** 国务院和省、自治区、直辖市人民政府的有关部门，应当组织和支持建立促进清洁生产信息系统和技术咨询服务体系，向社会提供有关清洁生产方法和技术、可再生利用的废物供求以及清洁生产政策等方面的信息和服务。

**第十一条** 国务院清洁生产综合协调部门会同国务院环境保护、工业、科学技术、建设、农业等有关部门定期发布清洁生产技术、工艺、设备和产品导向目录。

国务院清洁生产综合协调部门、环境保护部门和省、自治区、直辖市人民政府负责清洁生产综合协调的部门、环境保护部门会同同级有关部门，组织编制重点行业或者地区的清洁生产指南，指导实施清洁生产。

**第十二条** 国家对浪费资源和严重污染环境的落后生产技术、工艺、设备和产品实行限期淘汰制度。国务院有关部门按照职责分工，制定并发布限期淘汰的生产技术、工艺、设备以及产品的名录。

**第十三条** 国务院有关部门可以根据需要批准设立节能、节水、废物再生利用等环境与资源保护方面的产品标志,并按照国家规定制定相应标准。

**第十四条** 县级以上人民政府科学技术部门和其他有关部门,应当指导和支持清洁生产技术和有利于环境与资源保护的产品的研究、开发以及清洁生产技术的示范和推广工作。

**第十五条** 国务院教育部门,应当将清洁生产技术和管理课程纳入有关高等教育、职业教育和技术培训体系。

县级以上人民政府有关部门组织开展清洁生产的宣传和培训,提高国家工作人员、企业经营管理者和公众的清洁生产意识,培养清洁生产管理和技术人员。

新闻出版、广播影视、文化等单位和有关社会团体,应当发挥各自优势做好清洁生产宣传工作。

**第十六条** 各级人民政府应当优先采购节能、节水、废物再生利用等有利于环境与资源保护的产品。

各级人民政府应当通过宣传、教育等措施,鼓励公众购买和使用节能、节水、废物再生利用等有利于环境与资源保护的产品。

**第十七条** 省、自治区、直辖市人民政府负责清洁生产综合协调的部门、环境保护部门,根据促进清洁生产工作的需要,在本地区主要媒体上公布未达到能源消耗控制指标、重点污染物排放控制指标的企业的名单,为公众监督企业实施清洁生产提供依据。

列入前款规定名单的企业,应当按照国务院清洁生产综合协调部门、环境保护部门的规定公布能源消耗或者重点污染物产生、排放情况,接受公众监督。

## 第三章　清洁生产的实施

**第十八条**　新建、改建和扩建项目应当进行环境影响评价，对原料使用、资源消耗、资源综合利用以及污染物产生与处置等进行分析论证，优先采用资源利用率高以及污染物产生量少的清洁生产技术、工艺和设备。

**第十九条**　企业在进行技术改造过程中，应当采取以下清洁生产措施：

（一）采用无毒、无害或者低毒、低害的原料，替代毒性大、危害严重的原料；

（二）采用资源利用率高、污染物产生量少的工艺和设备，替代资源利用率低、污染物产生量多的工艺和设备；

（三）对生产过程中产生的废物、废水和余热等进行综合利用或者循环使用；

（四）采用能够达到国家或者地方规定的污染物排放标准和污染物排放总量控制指标的污染防治技术。

**第二十条**　产品和包装物的设计，应当考虑其在生命周期中对人类健康和环境的影响，优先选择无毒、无害、易于降解或者便于回收利用的方案。

企业对产品的包装应当合理，包装的材质、结构和成本应当与内装产品的质量、规格和成本相适应，减少包装性废物的产生，不得进行过度包装。

**第二十一条**　生产大型机电设备、机动运输工具以及国务院工业部门指定的其他产品的企业，应当按照国务院标准化部门或者其授权机构制定的技术规范，在产品的主体构件上注明材料成分的标准牌号。

第二十二条 农业生产者应当科学地使用化肥、农药、农用薄膜和饲料添加剂，改进种植和养殖技术，实现农产品的优质、无害和农业生产废物的资源化，防止农业环境污染。

禁止将有毒、有害废物用作肥料或者用于造田。

第二十三条 餐饮、娱乐、宾馆等服务性企业，应当采用节能、节水和其他有利于环境保护的技术和设备，减少使用或者不使用浪费资源、污染环境的消费品。

第二十四条 建筑工程应当采用节能、节水等有利于环境与资源保护的建筑设计方案、建筑和装修材料、建筑构配件及设备。

建筑和装修材料必须符合国家标准。禁止生产、销售和使用有毒、有害物质超过国家标准的建筑和装修材料。

第二十五条 矿产资源的勘查、开采，应当采用有利于合理利用资源、保护环境和防止污染的勘查、开采方法和工艺技术，提高资源利用水平。

第二十六条 企业应当在经济技术可行的条件下对生产和服务过程中产生的废物、余热等自行回收利用或者转让给有条件的其他企业和个人利用。

第二十七条 企业应当对生产和服务过程中的资源消耗以及废物的产生情况进行监测，并根据需要对生产和服务实施清洁生产审核。

有下列情形之一的企业，应当实施强制性清洁生产审核：

（一）污染物排放超过国家或者地方规定的排放标准，或者虽未超过国家或者地方规定的排放标准，但超过重点污染物排放总量控制指标的；

（二）超过单位产品能源消耗限额标准构成高耗能的；

（三）使用有毒、有害原料进行生产或者在生产中排放有毒、有害物质的。

污染物排放超过国家或者地方规定的排放标准的企业，应当按照环境保护相关法律的规定治理。

实施强制性清洁生产审核的企业，应当将审核结果向所在地县级以上地方人民政府负责清洁生产综合协调的部门、环境保护部门报告，并在本地区主要媒体上公布，接受公众监督，但涉及商业秘密的除外。

县级以上地方人民政府有关部门应当对企业实施强制性清洁生产审核的情况进行监督，必要时可以组织对企业实施清洁生产的效果进行评估验收，所需费用纳入同级政府预算。承担评估验收工作的部门或者单位不得向被评估验收企业收取费用。

实施清洁生产审核的具体办法，由国务院清洁生产综合协调部门、环境保护部门会同国务院有关部门制定。

第二十八条　本法第二十七条第二款规定以外的企业，可以自愿与清洁生产综合协调部门和环境保护部门签订进一步节约资源、削减污染物排放量的协议。该清洁生产综合协调部门和环境保护部门应当在本地区主要媒体上公布该企业的名称以及节约资源、防治污染的成果。

第二十九条　企业可以根据自愿原则，按照国家有关环境管理体系等认证的规定，委托经国务院认证认可监督管理部门认可的认证机构进行认证，提高清洁生产水平。

## 第四章　鼓励措施

第三十条　国家建立清洁生产表彰奖励制度。对在清洁生产工作中做出显著成绩的单位和个人，由人民政府给予表彰和奖励。

第三十一条 对从事清洁生产研究、示范和培训,实施国家清洁生产重点技术改造项目和本法第二十八条规定的自愿节约资源、削减污染物排放量协议中载明的技术改造项目,由县级以上人民政府给予资金支持。

第三十二条 在依照国家规定设立的中小企业发展基金中,应当根据需要安排适当数额用于支持中小企业实施清洁生产。

第三十三条 依法利用废物和从废物中回收原料生产产品的,按照国家规定享受税收优惠。

第三十四条 企业用于清洁生产审核和培训的费用,可以列入企业经营成本。

## 第五章 法律责任

第三十五条 清洁生产综合协调部门或者其他有关部门未依照本法规定履行职责的,对直接负责的主管人员和其他直接责任人员依法给予处分。

第三十六条 违反本法第十七条第二款规定,未按照规定公布能源消耗或者重点污染物产生、排放情况的,由县级以上地方人民政府负责清洁生产综合协调的部门、环境保护部门按照职责分工责令公布,可以处十万元以下的罚款。

第三十七条 违反本法第二十一条规定,未标注产品材料的成分或者不如实标注的,由县级以上地方人民政府质量技术监督部门责令限期改正;拒不改正的,处以五万元以下的罚款。

第三十八条 违反本法第二十四条第二款规定,生产、销售有毒、有害物质超过国家标准的建筑和装修材料的,依照产品质量法和有关民事、刑事法律的规定,追究行政、民事、刑事法律责任。

**第三十九条** 违反本法第二十七条第二款、第四款规定，不实施强制性清洁生产审核或者在清洁生产审核中弄虚作假的，或者实施强制性清洁生产审核的企业不报告或者不如实报告审核结果的，由县级以上地方人民政府负责清洁生产综合协调的部门、环境保护部门按照职责分工责令限期改正；拒不改正的，处以五万元以上五十万元以下的罚款。

违反本法第二十七条第五款规定，承担评估验收工作的部门或者单位及其工作人员向被评估验收企业收取费用的，不如实评估验收或者在评估验收中弄虚作假的，或者利用职务上的便利谋取利益的，对直接负责的主管人员和其他直接责任人员依法给予处分；构成犯罪的，依法追究刑事责任。

## 第六章 附 则

**第四十条** 本法自2003年1月1日起施行。

# 公共机构节能条例

中华人民共和国国务院令

第 676 号

现公布《国务院关于修改和废止部分行政法规的决定》,自公布之日起施行。

总理 李克强

2017 年 3 月 1 日

(2008 年 7 月 23 日国务院第 18 次常务会议通过;根据 2017 年 3 月 1 日《国务院关于修改和废止部分行政法规的决定》修订)

## 第一章 总 则

**第一条** 为了推动公共机构节能,提高公共机构能源利用效率,发挥公共机构在全社会节能中的表率作用,根据《中华人民共和国节约能源法》,制定本条例。

**第二条** 本条例所称公共机构,是指全部或者部分使用财政性资金的国家机关、事业单位和团体组织。

**第三条** 公共机构应当加强用能管理,采取技术上可行、经济上合理的措施,降低能源消耗,减少、制止能源浪费,有效、合理地利用能源。

**第四条** 国务院管理节能工作的部门主管全国的公共机构节能监督管理工作。国务院管理机关事务工作的机构在国务院管理节能工作的部门指导下,负责推进、指导、协调、监督全国的公共机构节能工作。

国务院和县级以上地方各级人民政府管理机关事务工作的机构在同级管理节能工作的部门指导下,负责本级公共机构节能监督管理工作。

教育、科技、文化、卫生、体育等系统各级主管部门在同级管理机关事务工作的机构指导下,开展本级系统内公共机构节能工作。

**第五条** 国务院和县级以上地方各级人民政府管理机关事务工作的机构应当会同同级有关部门开展公共机构节能宣传、教育和培训,普及节能科学知识。

**第六条** 公共机构负责人对本单位节能工作全面负责。

公共机构的节能工作实行目标责任制和考核评价制度,节能目标完成情况应当作为对公共机构负责人考核评价的内容。

**第七条** 公共机构应当建立、健全本单位节能管理的规章制度,开展节能宣传教育和岗位培训,增强工作人员的节能意识,培养节能习惯,提高节能管理水平。

**第八条** 公共机构的节能工作应当接受社会监督。任何单位和个人都有权举报公共机构浪费能源的行为,有关部门对举报应当及时调查处理。

第九条 对在公共机构节能工作中做出显著成绩的单位和个人,按照国家规定予以表彰和奖励。

## 第二章 节能规划

第十条 国务院和县级以上地方各级人民政府管理机关事务工作的机构应当会同同级有关部门,根据本级人民政府节能中长期专项规划,制定本级公共机构节能规划。

县级公共机构节能规划应当包括所辖乡(镇)公共机构节能的内容。

第十一条 公共机构节能规划应当包括指导思想和原则、用能现状和问题、节能目标和指标、节能重点环节、实施主体、保障措施等方面的内容。

第十二条 国务院和县级以上地方各级人民政府管理机关事务工作的机构应当将公共机构节能规划确定的节能目标和指标,按年度分解落实到本级公共机构。

第十三条 公共机构应当结合本单位用能特点和上一年度用能状况,制定年度节能目标和实施方案,有针对性地采取节能管理或者节能改造措施,保证节能目标的完成。

公共机构应当将年度节能目标和实施方案报本级人民政府管理机关事务工作的机构备案。

## 第三章 节能管理

第十四条 公共机构应当实行能源消费计量制度,区分用能种类、用能系统实行能源消费分户、分类、分项计量,并对能源消耗状况进行实时监测,及时发现、纠正用能浪费现象。

第十五条 公共机构应当指定专人负责能源消费统计,如实记录能源消费计量原始数据,建立统计台账。

公共机构应当于每年3月31日前,向本级人民政府管理机关事务工作的机构报送上一年度能源消费状况报告。

第十六条 国务院和县级以上地方各级人民政府管理机关事务工作的机构应当会同同级有关部门按照管理权限,根据不同行业、不同系统公共机构能源消耗综合水平和特点,制定能源消耗定额,财政部门根据能源消耗定额制定能源消耗支出标准。

第十七条 公共机构应当在能源消耗定额范围内使用能源,加强能源消耗支出管理;超过能源消耗定额使用能源的,应当向本级人民政府管理机关事务工作的机构作出说明。

第十八条 公共机构应当按照国家有关强制采购或者优先采购的规定,采购列入节能产品、设备政府采购名录和环境标志产品政府采购名录中的产品、设备,不得采购国家明令淘汰的用能产品、设备。

第十九条 国务院和省级人民政府的政府采购监督管理部门应当会同同级有关部门完善节能产品、设备政府采购名录,优先将取得节能产品认证证书的产品、设备列入政府采购名录。

国务院和省级人民政府应当将节能产品、设备政府采购名录中的产品、设备纳入政府集中采购目录。

第二十条 公共机构新建建筑和既有建筑维修改造应当严格执行国家有关建筑节能设计、施工、调试、竣工验收等方面的规定和标准,国务院和县级以上地方人民政府建设主管部门对执行国家有关规定和标准的情况应当加强监督检查。

国务院和县级以上地方各级人民政府负责审批固定资产投资

项目的部门，应当严格控制公共机构建设项目的建设规模和标准，统筹兼顾节能投资和效益，对建设项目进行节能评估和审查，未通过节能评估和审查的项目，不得开工建设；政府投资项目未通过节能评估和审查的，依法负责项目审批的部门不得批准建设。

第二十一条　国务院和县级以上地方各级人民政府管理机关事务工作的机构会同有关部门制定本级公共机构既有建筑节能改造计划，并组织实施。

第二十二条　公共机构应当按照规定进行能源审计，对本单位用能系统、设备的运行及使用能源情况进行技术和经济性评价，根据审计结果采取提高能源利用效率的措施。具体办法由国务院管理节能工作的部门会同国务院有关部门制定。

第二十三条　能源审计的内容包括：

（一）查阅建筑物竣工验收资料和用能系统、设备台账资料，检查节能设计标准的执行情况；

（二）核对电、气、煤、油、市政热力等能源消耗计量记录和财务账单，评估分类与分项的总能耗、人均能耗和单位建筑面积能耗；

（三）检查用能系统、设备的运行状况，审查节能管理制度执行情况；

（四）检查前一次能源审计合理使用能源建议的落实情况；

（五）查找存在节能潜力的用能环节或者部位，提出合理使用能源的建议；

（六）审查年度节能计划、能源消耗定额执行情况，核实公共机构超过能源消耗定额使用能源的说明；

（七）审查能源计量器具的运行情况，检查能耗统计数据的真实性、准确性。

## 第四章 节能措施

**第二十四条** 公共机构应当建立、健全本单位节能运行管理制度和用能系统操作规程，加强用能系统和设备运行调节、维护保养、巡视检查，推行低成本、无成本节能措施。

**第二十五条** 公共机构应当设置能源管理岗位，实行能源管理岗位责任制。重点用能系统、设备的操作岗位应当配备专业技术人员。

**第二十六条** 公共机构可以采用合同能源管理方式，委托节能服务机构进行节能诊断、设计、融资、改造和运行管理。

**第二十七条** 公共机构选择物业服务企业，应当考虑其节能管理能力。公共机构与物业服务企业订立物业服务合同，应当载明节能管理的目标和要求。

**第二十八条** 公共机构实施节能改造，应当进行能源审计和投资收益分析，明确节能指标，并在节能改造后采用计量方式对节能指标进行考核和综合评价。

**第二十九条** 公共机构应当减少空调、计算机、复印机等用电设备的待机能耗，及时关闭用电设备。

**第三十条** 公共机构应当严格执行国家有关空调室内温度控制的规定，充分利用自然通风，改进空调运行管理。

**第三十一条** 公共机构电梯系统应当实行智能化控制，合理设置电梯开启数量和时间，加强运行调节和维护保养。

**第三十二条** 公共机构办公建筑应当充分利用自然采光，使用高效节能照明灯具，优化照明系统设计，改进电路控制方式，推广应用智能调控装置，严格控制建筑物外部泛光照明以及外部装饰用照明。

第三十三条 公共机构应当对网络机房、食堂、开水间、锅炉房等部位的用能情况实行重点监测，采取有效措施降低能耗。

第三十四条 公共机构的公务用车应当按照标准配备，优先选用低能耗、低污染、使用清洁能源的车辆，并严格执行车辆报废制度。

公共机构应当按照规定用途使用公务用车，制定节能驾驶规范，推行单车能耗核算制度。

公共机构应当积极推进公务用车服务社会化，鼓励工作人员利用公共交通工具、非机动交通工具出行。

## 第五章 监督和保障

第三十五条 国务院和县级以上地方各级人民政府管理机关事务工作的机构应当会同有关部门加强对本级公共机构节能的监督检查。监督检查的内容包括：

（一）年度节能目标和实施方案的制定、落实情况；

（二）能源消费计量、监测和统计情况；

（三）能源消耗定额执行情况；

（四）节能管理规章制度建立情况；

（五）能源管理岗位设置以及能源管理岗位责任制落实情况；

（六）用能系统、设备节能运行情况；

（七）开展能源审计情况；

（八）公务用车配备、使用情况。

对于节能规章制度不健全、超过能源消耗定额使用能源情况严重的公共机构，应当进行重点监督检查。

**第三十六条** 公共机构应当配合节能监督检查，如实说明有关情况，提供相关资料和数据，不得拒绝、阻碍。

**第三十七条** 公共机构有下列行为之一的，由本级人民政府管理机关事务工作的机构会同有关部门责令限期改正；逾期不改正的，予以通报，并由有关机关对公共机构负责人依法给予处分：

（一）未制定年度节能目标和实施方案，或者未按照规定将年度节能目标和实施方案备案的；

（二）未实行能源消费计量制度，或者未区分用能种类、用能系统实行能源消费分户、分类、分项计量，并对能源消耗状况进行实时监测的；

（三）未指定专人负责能源消费统计，或者未如实记录能源消费计量原始数据，建立统计台账的；

（四）未按照要求报送上一年度能源消费状况报告的；

（五）超过能源消耗定额使用能源，未向本级人民政府管理机关事务工作的机构作出说明的；

（六）未设立能源管理岗位，或者未在重点用能系统、设备操作岗位配备专业技术人员的；

（七）未按照规定进行能源审计，或者未根据审计结果采取提高能源利用效率的措施的；

（八）拒绝、阻碍节能监督检查的。

**第三十八条** 公共机构不执行节能产品、设备政府采购名录，未按照国家有关强制采购或者优先采购的规定采购列入节能产品、设备政府采购名录中的产品、设备，或者采购国家明令淘汰的用能产品、设备的，由政府采购监督管理部门给予警告，可以并处罚款；对直接负责的主管人员和其他直接责任人员依法给予处分，并予通报。

第三十九条 负责审批固定资产投资项目的部门对未通过节能评估和审查的公共机构建设项目予以批准的,对直接负责的主管人员和其他直接责任人员依法给予处分。

公共机构开工建设未通过节能评估和审查的建设项目的,由有关机关依法责令限期整改;对直接负责的主管人员和其他直接责任人员依法给予处分。

第四十条 公共机构违反规定超标准、超编制购置公务用车或者拒不报废高耗能、高污染车辆的,对直接负责的主管人员和其他直接责任人员依法给予处分,并由本级人民政府管理机关事务工作的机构依照有关规定,对车辆采取收回、拍卖、责令退还等方式处理。

第四十一条 公共机构违反规定用能造成能源浪费的,由本级人民政府管理机关事务工作的机构会同有关部门下达节能整改意见书,公共机构应当及时予以落实。

第四十二条 管理机关事务工作的机构的工作人员在公共机构节能监督管理中滥用职权、玩忽职守、徇私舞弊,构成犯罪的,依法追究刑事责任;尚不构成犯罪的,依法给予处分。

# 第六章 附 则

第四十三条 本条例自2008年10月1日起施行。

# 附 录

## 关于印发节能发电调度试点工作方案和实施细则（试行）的通知

发改能源〔2007〕3523号

江苏、河南、四川、广东、贵州省发展改革委、经贸委（经委），国家电网公司、中国南方电网有限责任公司、中国华能集团公司、中国大唐集团公司、中国华电集团公司、中国国电集团公司、中国电力投资集团公司：

  按照全国节能发电调度试点工作领导小组第一次会议精神，根据各有关单位的意见进行必要修改后，现将《节能发电调度试点工作方案》和《节能发电调度办法实施细则（试行）》（以下简称《工作方案》和《实施细则》）印发你们，请遵照执行并按下述要求抓紧开展有关工作：

  一、各试点省发展改革委、经贸委（经委）、环保局、城市电监办和南方电监局要按照《工作方案》和《实施细则》有关要求，结合本省实际，组织编制本省节能发电调度试点工作具体实施方案，明确试点工作的总体要求、组织机构、配套政策措施（包括机组参与调频、调峰和备用以及对关停机组的具体补偿办法等）、具体工作安排和时间进度等，于2008年1月20日前上报我委。

二、各试点省原则上应于 2007 年 12 月 30 日之前完成试点前的准备工作，2008 年 1 月 10 日之前完成模拟调度，2008 年 1 月 20 日之前具备试运行条件。

三、各试点省发展改革委、经贸委（经委）要及早组织开展 2008 年电力负荷预测工作，并会同环保等有关部门组织编制本省发电机组 2008 年基础排序表和发电组合基础方案，做好试点各项准备。

四、国家电网公司和南方电网公司要根据《实施细则》的有关规定，组织各试点省电力调度机构修订相关调度规程，完善技术支持系统，并对电网运行方式和安全边界条件进行校核。若需对《实施细则》作进一步细化或补充，请于 2008 年 1 月 10 日前报国家发展改革委审核。

五、全国节能发电调度试点工作领导小组办公室具体负责各试点省试点工作的协调和督导。请各试点省和有关单位按照《工作方案》所附办公室成员构成，于 2008 年 1 月 10 日前将本省或本单位担任办公室成员的人员名单报国家发展改革委。

联系人：赵一农 010-68501650

传真：010-68501458

附件：一、节能发电调度试点工作方案

二、节能发电调度办法实施细则（试行）

中华人民共和国国家发展和改革委员会

国家环境保护总局

国家电力监管委员会

国家能源领导小组办公室

二〇〇七年十二月十九日

附件一：

## 节能发电调度试点工作方案

根据《国务院办公厅关于转发发展改革委等部门节能发电调度办法（试行）的通知》（国办发〔2007〕53号）（以下简称53号文件），为认真做好节能发电调度试点工作，结合我国当前电力调度运行现状，制定本工作方案。

一、指导思想

以邓小平理论和"三个代表"重要思想为指导，全面贯彻落实科学发展观，通过建立以能耗和排放水平为基准的发电调度方式，加快淘汰落后产能，推动电力工业结构调整、技术进步和产业升级，促进节能减排，实现又好又快发展，为国家节能减排和经济社会全面、协调、可持续发展做出贡献。

二、工作目标和工作原则

（一）工作目标

节能发电调度是以节能减排为核心目标提出的电力工业发电调度规则，是在以往曾经实行的等煤量微增调度方式的基础上，对现行调度方式的制度性变革，旨在建立一种以能耗和排放水平为基准的发电调度方式，最大限度发挥可再生及其他清洁能源的作用，最大限度减少化石燃料的使用。

（二）工作原则

按照政府推动、部门联动、市场化运作、统筹协调、分工合作、分类指导、分步实施、先易后难、先点后面的原则，加强组织领导，加大舆论宣传，突出制度建设，积极探索，稳步推进，不断提高节能发电调度运行水平。

国家发展改革委会同有关部门进行总体规划，统一安排，各地区、各部门加强协调与合作，试点单位结合实际组织制定试点工作方案，成熟一个启动一个。

最大限度地发挥地方各级政府的作用和电网、发电企业的积极性，确保电力工业安全可靠运行，确保电力工业干部职工队伍的稳定。

三、组织机构

为保障试点工作顺利推进，国家发展改革委会同环保总局、电监会、能源办及江苏、河南、四川、广东和贵州5个试点省政府、两大电网公司、五大发电集团公司成立全国节能发电调度试点工作领导小组，统筹、协调并督导节能发电调度试点工作。领导小组下设办公室（领导小组名单及办公室构成见附表），负责日常工作。各试点省份可参照成立本省节能发电调度试点工作领导小组，负责统筹协调本省节能发电调度试点工作，并定期通报试点工作进展情况。

四、开展试点工作的主要条件

（一）编制实施细则，明确具体的操作办法；

（二）试点省政府指定其发展改革委（经委、经贸委）编制本省发电机组排序表；

（三）明确实行节能发电调度后对按照国发2号文件要求已实施关停机组的补偿方式；

（四）电力调度部门做好技术准备，对电网运行方式、安全边界条件进行校核；

（五）火电厂安装烟气在线监测系统，热电联产机组安装热负荷实时监测系统，并与环境保护、电力调度等有关部门联网运行；

（六）对燃煤发电机组能耗参数进行认证；

（七）制定调峰、调频和备用补偿办法。

上述条件中，前四项是开展试点工作的必备条件，其他方面条件可以考虑在试点工作开始以后，逐步完善。

五、工作步骤

（一）国家发展改革委会同有关部门发文，提出具体要求；

（二）各试点省结合实际情况，完善相关条件，编制本省试点工作具体实施方案，并经我委会同国家环保总局、电监会、能源办认可；

（三）各试点省进行模拟调度确保运行安全后，正式启动节能发电调度试点工作；

（四）试点工作中，适时召开协调会，及时总结，交流经验，发现问题，提出对策。

六、相关配套政策

（一）国家发展改革委牵头编制《实施细则》，明确节能发电调度的原则、程序、方式等具体操作细节。国家电网公司和南方电网公司可在此基础上，根据需要进一步细化或补充部分条款，但需经国家发展改革委同意。

（二）电监会牵头制定《关于节能发电调度经济补偿的指导意见》，明确节能发电调度经济补偿的范围、原则和机制等内容，指导试点省制定具体补偿办法。

（三）电监会牵头制定与节能发电调度配套的《信息发布办法》，明确信息披露的内容、时间、范围、程序和渠道；

（四）国家发展改革委指定技术监督检测机构或行业协会负责火力发电机组实时煤耗认定，并明确煤耗检测统一标准；

（五）环保部门负责发电厂污染物排放水平的测定，并明确相关标准。

七、其他有关事项

节能发电调度实施后，可能对电力工业产生深层次的影响。在做好试点工作的同时，还需要从长远出发，开展相关问题的研究和论证工作。

（一）能源办牵头开展实施节能发电调度对电力乃至能源发展、区域能源流向和电站布局影响等有关能源政策的研究。

（二）电监会牵头会同有关部门，结合节能发电调度试点工作进展，开展电力市场建设与节能发电调度衔接的研究工作。

（三）国家环保总局牵头研究建立与节能发电调度相适应的环保监测办法及相关制度和标准。

（四）国家发展改革委牵头开展电价政策有关研究工作，积极推进电价改革，逐步建立销售电价与上网电价的联动机制。

（五）国家发展改革委牵头会同有关部门，组织开展节能发电调度宣传报道及相关政策和业务的培训工作。

附表：全国节能发电调度试点工作领导小组（略）
小组下设办公室成员构成（略）

附件二：

**节能发电调度办法实施细则（试行）**

## 第一章　总　则

第1条　为实施节能发电调度，促进电力工业结构调整、技术进步和节能减排，实现可持续发展，依据《节能发电调度办法（试行）》（国办发〔2007〕53号），制定本细则。

**第2条** 节能发电调度以节能、环保为目标，以全电力系统内发、输、供电设备为调度对象，优先调度可再生和清洁发电资源，按能耗和污染物排放水平，由低到高依次调用化石类发电资源，最大限度地减少能源、资源消耗和污染物排放，促进电力系统高效、清洁运行。

**第3条** 节能发电调度以保障电力系统安全稳定运行和连续可靠供电为前提，坚持"安全第一"的原则。电网企业、发电企业及电力用户应共同维护电力系统安全稳定运行。

**第4条** 节能发电调度实行"统一调度、分级管理"。省级以上电力调度机构统一平衡电力系统内发电和用电负荷。各级电力调度机构按照调度管辖范围统一安排发、输、供电及其相关设备的运行、检修，统一进行电网安全校核并组织落实电力系统安全稳定措施。任何单位和个人均不得非法干预节能发电调度工作。

**第5条** 本细则适用于节能发电调度试点省（区、市）所有并网运行的发电机组，包括并入主网运行的各类公用电厂、企业自备电厂的发电机组，以及与主网相连接的地方电网的发电机组。

**第6条** 未与主网相连接的独立电网的发电机组应参照本细则实施调度。《国务院办公厅转发国家经贸委关于关停小火电机组有关问题意见的通知》（国办发〔1999〕44号）下发前依法批准且合同期限未满的中外合作或合资发电机组（以下简称外资发电机组），由省级发展改革委（经委、经贸委）认定，并报经国家发展改革委审核同意后，可继续执行原已签订的购电合同。合同期满后，执行本细则。

**第7条** 所有发电机组的上网电价、跨区域（省）电力电量交换价格暂按现行管理办法执行。

试点期间，企业自备电厂的发电机组按照本办法所发电量，可优先满足本企业自用，并按有关规定缴纳政府性基金和附加费。

## 第二章　机组发电排序

**第8条**　节能发电调度以机组发电排序的序位表（以下简称排序表）为依据，依序安排发电机组发电。各省（区、市）的排序表由省级人民政府责成其发展改革委（经委、经贸委）组织编制。

**第9条**　各类发电机组按下顺序确定序位：

（一）无调节能力的风能、太阳能、海洋能、水能等可再生能源发电机组；

（二）有调节能力的水能、生物质能、地热能等可再生能源发电机组和经省级以上环保部门验收满足环保要求的垃圾发电机组。当有调节能力的水能发电机组出现非正常弃水时，列无调节能力的水能发电机组之前；

（三）核能发电机组；

（四）余热、余气、余压、煤层气等非燃煤资源综合利用发电机组；

（五）国家确定的示范发电机组及国家统一安排的发电机组；

（六）燃煤热电联产机组；

（七）由省级以上环保部门认定达标排放，并经国家发展改革委和省级发展改革委（经委、经贸委）按照审核权限认定的煤矸石或洗中煤等资源综合利用发电机组；

（八）天然气、煤气化发电机组；

（九）其他燃煤发电机组，包括热电联产机组超出"以热定电"以及资源综合利用机组超出"以（资源）量定电"的部分；

（十）燃油发电机组。

**第 10 条** 同类型火电机组按照能耗水平由低到高排序，节能优先；能耗水平相同时，按照污染物排放水平由低到高排序。机组运行能耗水平近期暂依照设备制造厂商提供的机组能耗参数排序，逐步过渡到按照实测数值排序，对因环保和节水设施运行引起煤耗实测数值增加的，可做适当调整。污染物排放水平以省级环保部门最新核定的数值为准。

**第 11 条** 未安装脱硫设施或已安装脱硫设施，但未经省级以上环保部门验收合格的发电机组列同类、同级别容量发电机组之后。

**第 12 条** 发电企业应于每年 9 月 20 日前，向省级发展改革委（经委、经贸委）、相关电力调度机构提供已并网运行发电机组节能发电调度所需参数的实测值和下年度计划并网运行发电机组节能发电调度所需参数的设计值。提供的参数包括但不限于以下内容，并须经省级发展改革委（经委、经贸委）或环保部门指定的机构核定。

（一）发电机组的类别；

（二）发电机组可调出力区间；

（三）火电机组供电煤耗；

（四）火电机组供电煤耗曲线和煤耗微增曲线；

（五）热电联产机组批复的热电比；

（六）火电机组启停能耗；

（七）水电厂各时期的水库水位限制，水库特性的变化；

（八）水电厂的综合利用要求；

（九）水电机组的效率曲线和耗水率曲线；

（十）发电机组的开停机时间、停启最小间隔时间、升降负荷速度及机组其它安全运行参数；

（十一）发电机组的二氧化硫、烟尘、氮氧化物排放等环保指标；

（十二）新建发电机组投产计划。

第 13 条  发电机组大修或改造后应在 1 个月内完成参数重测，并向省级发展改革委（经委、经贸委）、有关电力调度机构提供经核定的参数。新投产的发电机组应在并网后 3 个月内向省级发展改革委（经委、经贸委）、有关电力调度机构提供经核定的实测参数。

第 14 条  每年 11 月 20 日前，省级发展改革委（经委、经贸委）会同省级环保部门根据核定后的发电机组有关参数，综合考虑机组类型、火电机组能耗水平、环保和节水设施配置等因素，编制本省（区、市）次年基础排序表，下达电力调度机构执行。

省级发展改革委（经委、经贸委）每季度应根据机组参数变化和新机投产等情况修订排序表，并于每季度第 3 个月 20 日之前下达电力调度机构，作为下一季度安排机组发电组合和负荷分配的依据。

第 15 条  排序表的编制应公开、公平、公正，并在下达电力调度机构前 10 个工作日向电力企业和社会发布，予以公示。公示后 5 个工作日内，电力企业对排序表有异议，可向排序表编制部门申请复核；排序表编制部门应在接到申请之后 5 个工作日内予以答复，对存在重大分歧的可进行听证。

## 第三章  负荷预测与机组发电组合

第 16 条  省级发展改革委（经委、经贸委）组织有关单位开展所辖范围内的年、季、月、日电力负荷需求预测及管理工作，并定期向相关部门、电力企业发布预测信息。

根据各地情况，日电力负荷需求预测工作可委托省级电力调度机构负责。

**第17条** 年、季、月电力负荷预测包括以下内容：

（一）年、季、月总发电量和全社会用电量；

（二）年、季、月最大、最小用电负荷；

（三）分月平均用电负荷率。

**第18条** 年度负荷预测应至少采用连续3年的数据资料，年度以上预测期的负荷预测应至少采用连续5年的数据资料。在进行负荷预测时应综合考虑社会经济和电网发展的历史和现状，包括：

（一）全网的电力负荷增长及地区分布情况；

（二）国内生产总值增长及地区分布情况；

（三）宏观经济形势的影响；

（四）电源分布和电网发展状况；

（五）大用户用电设备及主要高耗能产品的接装容量、年用电量；

（六）水情、气象等其他影响季节性负荷需求的相关数据。

**第19条** 日电力负荷预测，应包括以下内容：

（一）预测期内全网（各地区电网）次日的96点负荷值；

（二）预测期内全网（各地区电网）的最大、最小负荷需求值及其出现的时间；

试点初期，可暂预测全网总发电和用电负荷。

**第20条** 省级发展改革委（经委、经贸委）应于每年11月20日前发布下年度分月负荷预测信息，并于次年按月跟踪负荷变化动态修正；每月20日前发布修正后的次月负荷预测信息；可委托电力调度机构于每日16时前发布次日的96点电力负荷预测曲线。

第21条 省级发展改革委（经委、经贸委）应以本省（区、市）发电机组排序表和负荷预测结果为依据，组织制定本省（区、市）年、季、月机组发电组合的基础方案。年、季、月机组发电组合基础方案应满足本省（区、市）对应时期预测最大用电负荷和跨区域（省）电力交换需求，并按有关规定预留备用容量。编制年、季、月机组发电组合基础方案，还须考虑下列因素：

（一）根据电力系统安全约束条件必须运行的机组优先进入组合；

（二）国家统一安排消纳的电力电量对应发电容量优先进入组合；

（三）根据原有购电合同电量需安排运行的外资机组按合同规定逐月分解进入组合；

（四）新投产的发电机组及主要输电设备投产调试情况；

（五）设备检修计划；

（六）来水预测及综合利用要求；

（七）发电机组燃料供应情况。

第22条 省级发展改革委（经委、经贸委）会同环保部门应于每年12月10日前发布下年度机组发电组合基础方案信息；每月根据实际变化情况对年度基础信息进行修订，并于20日前发布下月机组发电组合基础方案信息。机组发电组合基础方案信息主要包括：

（一）发电机组排序表；

（二）各发电机组的装机容量、可调出力；

（三）全省（区、市）分月最大负荷、平均最大负荷、月度用电量需求预测；

（四）分月发电机组及主要输电设备检修计划；

（五）各水电厂水库运用计划；

（六）发电设备投产计划；

（七）发电设备关停计划；

（八）有、无调节能力的可再生能源发电机组本年预计发电利用小时数以及下年度已知的变化因素；

（九）核能发电机组、按"以热定电"方式运行的燃煤热电联产机组，余热、余气、余压、煤矸石、洗中煤、煤层气等资源综合利用发电机组，天然气、煤气化发电机组本年度预计发电利用小时数、资源实际利用量以及下年度已知的变化因素；

（十）预计需要调用的机组。

第23条 每日9时前各发电企业应向有关电力调度机构申报次日节能发电调度所需信息，主要包括以下内容：

（一）次日机组发电最大、最小可调出力；

（二）除水能外的可再生能源及满足环保要求的垃圾发电机组的出力过程建议曲线；

（三）水电厂的来水和发电出力预测；

（四）核能发电机组的出力过程建议曲线；

（五）燃煤热电联产机组次日的供热量、供热相应的发电出力曲线；

（六）资源综合利用发电机组次日的可利用资源量、相应的出力过程建议曲线；

（七）承担综合利用任务的水电厂的综合利用要求；

（八）火电厂当日燃料存量和后续一周燃料预计量；

（九）设备检修计划及发电机组运行的其它要求。

第24条 电力调度机构按照次日的电力负荷需求预测、省间联络线交换电量计划、设备检修和安全约束等情况，依据排序表和月度发电组合基础方案，并考虑下列因素，确定次日发电机组组合方案：

（一）日开机最大可调容量应满足最大负荷，并按有关规定预留备用容量；日开机最小可调容量应与日最小负荷相适应，并留有充足的调节裕度；

（二）调峰、调频和调压的要求。排序表中序位相同时，调峰、调频、调压能力强的机组优先进入机组组合；

（三）设备调试的情况。试运行及试验机组按批准的计划进入机组组合；

（四）火电机组燃料库存和供应情况。为防止火电机组因缺燃料影响连续供电和威胁电力系统安全稳定运行，当火电机组燃料存量低于预警存量时，按照应急预案有关规定安排，并报省级发展改革委（经委、经贸委）备案；

（五）水电厂来水预测、水库水位及水库综合利用要求。无调节能力的水电厂按照"以水定电"的原则进入日发电组合；有调节能力水电厂按水库水位控制计划进入日发电组合；承担综合利用任务的水电厂，依序满足其综合利用的要求；

（六）外资发电机组视购电合同完成情况安排开停机；

（七）发电机组开停机燃料耗费和停启最小间隔；

（八）不满足电网安全要求的机组不纳入组合；

（九）其它影响发电机组运行的因素。

**第 25 条** 重要节假日和重大活动保电期间，应按照保电预案要求，适当增大备用容量和发输电设备的稳定裕度。

**第 26 条** 区域电力调度机构在各省（区、市）机组次日发电组合方案的基础上，依据本区域内各省（区、市）排序表、各机组申报的可调发电能力、跨省（区、市）输电联络线的输送电能力和网损，进一步优化调整本区域内发电机组的启停机方式。即：进一步对各省（区、市）边际机组（被调用的最后一台发电机组）考虑网损因素后的供电煤耗率（简称边际供电煤耗率）进行比较，对边际供电煤耗率较高的省（区、市）依次调整安排停机，对边际供电煤耗率较低的省（区、市）依次调整安排启机，直至区域中各省（区、市）的边际供电煤耗率趋同，或跨省（区、市）输电联络线达到输送容量的极限，形成省（区、市）间联络线交换电量计划。

试点期间，省（区、市）间联络线交换电量计划可暂执行原签订的省（区、市）间送受电合同。

## 第四章 机组发电负荷分配及安全校核

**第 27 条** 电力调度机构在次日机组发电组合已经确定运行的发电机组之间，合理分配发电负荷，编制次日机组发电曲线，于每日 16 时前下达各发电企业。

**第 28 条** 发电机组的日负荷分配应根据日电力负荷需求预测、日省间联络线交换功率曲线、发输电设备检修计划及网络安全约束确定，并按有关规定预留旋转备用和事故备用容量。

（一）外资发电机组视购电合同完成情况安排发电负荷；

（二）除水能外的可再生能源发电机组按发电企业申报的出力过程建议曲线安排发电负荷；

（三）无调节能力的水电机组在系统安全允许的条件下，按照"以水定电"的原则安排发电负荷；

（四）承担综合利用任务的水电厂，在满足综合利用要求的前提下安排发电负荷；

（五）核能发电机组除特殊情况外，原则上按照其申报的出力过程建议曲线安排发电负荷；

（六）资源综合利用发电机组按照"以（资源）量定电"的原则安排发电负荷，超过资源量所需的发电负荷部分，按常规纯凝式燃煤发电机组安排发电负荷；

（七）抽水蓄能机组根据电网调频调峰的需要安排发电和抽水；

（八）燃煤热电联产发电机组按照"以热定电"的原则安排发电负荷，超过供热所需的发电负荷部分，按常规纯凝式燃煤发电机组安排发电负荷；

（九）有调节能力水电厂应充分发挥其调峰、调频作用，并按预先制定的水库水位控制计划安排发电负荷；

（十）天然气、煤气化发电机组按照气源情况和系统负荷特性参与电力系统调峰运行；

（十一）国家统一安排消纳的电力电量按照消纳方案优先安排发电负荷；

（十二）国家确定的示范发电机组在示范期内，按照其在排序表中的序位优先安排发电负荷；

（十三）燃煤、燃油等火力发电机组分别按照供电煤耗等微增率的原则分配发电负荷；

（十四）处于试运行或试验阶段的发电机组，按照电力调度机构确定的出力过程曲线安排发电负荷。

**第29条** 机组发电负荷分配应优先满足调峰、调频、调压要求，应满足继电保护装置正常可靠工作所必须的最小开机方式要求。

发电机组的日负荷曲线应满足其最大、最小技术出力要求，负荷变化速度不超过其最快升降负荷速度。

**第 30 条** 电力调度机构应积极开展流域水电优化调度和水火联合优化调度,提高水能资源利用率,并充分发挥水电的调峰、调频等作用。

**第 31 条** 电力调度机构应按照"统一调度、分级管理"的原则,依据《电力系统安全稳定导则》和相关安全规定的要求,对日发电负荷分配进行安全校核。当不能满足安全校核要求时,应按照排序表的顺序,考虑敏感度因素,依次调整机组的出力水平和开停机方式,直至满足电网安全稳定运行的要求。

**第 32 条** 在异常或紧急情况下,为保障电力系统安全稳定运行和连续供电,值班调度员可根据实际情况对机组发电组合和负荷分配进行调整。异常和紧急情况处理完毕后,电力调度机构应按照排序表,逐步调整到优化后的发电组合。

系统安全允许条件、危及电网安全稳定的认定需按照国家有关规定执行。

**第 33 条** 异常情况是指发生下列情况之一,原定日机组发电组合和负荷分配不能满足电网调频、调峰、调压和安全运行需要:

(一)天气变化等原因使实际负荷和预测负荷差别较大;

(二)水电实际来水和预报情况差异造成水电发电能力变化较大;

(三)风电等清洁能源机组发电能力的大幅变化;

(四)发电机组缺陷或异常等原因,可能造成其被迫减出力或停机;

(五)重要设备原定检修计划发生变更;

(六)为应对灾害性天气采取的预控措施;

(七)水库大坝出现异常情况需要临时调整水电厂出力;

(八)其它使原定日机组发电组合和负荷分配不能满足电网安

全稳定运行要求的情况。

**第34条** 紧急情况是指发生下列情况之一，原定日机组发电组合和负荷分配不能满足安全运行需要，必须立即采取紧急处理措施的情况：

（一）发、输、变电设备发生故障；

（二）电网频率或者电压超过规定范围；

（三）输变电设备负载超过规定值；

（四）线路功率值超过规定的稳定限额；

（五）其它威胁电网安全运行的紧急情况。

## 第五章 检修、调峰、调频和备用

**第35条** 电力企业应加强设备运行维护和保养，提高设备健康水平和可调性。发电企业应根据机组发电组合方案等有关信息，提前做好生产准备工作，确保机组按调度指令可靠、稳定运行。发、输、供电及其有关设备检修应按照设备检修规程和所属电网调度管理规程的规定提出检修申请。

**第36条** 电力调度机构应依据负荷预测结果、检修申请和排序表，在保证系统安全稳定运行的前提下，综合各种因素，编制年、月检修计划，逐月滚动修正，并抄报省级发展改革委（经委、经贸委）审核；依据短期负荷预测结果和检修申请，经商有关企业，按照电力系统运行的实际情况，安排日设备检修工作。有关电力企业，应按照电力调度机构下达的检修计划组织设备检修工作。各类设备的检修安排信息和执行情况应按规定予以公布。

**第37条** 电力调度机构应按以下原则安排设备检修：

（一）设备检修的工期与间隔应符合有关检修规程的规定；

（二）可再生能源发电机组的检修，主要安排在可再生能源匮乏时期进行，利用化石能源的发电机组的检修应安排在电网用电负荷较轻或可再生能源充足时期（如丰水期）进行；

（三）当电网运行状况发生变化导致电网备用不足或电网受到安全约束时，电力调度机构可对相关的发、输变电设备检修计划进行必要的调整。

**第38条** 所有并网运行的发电机组均有义务提供调峰、调频、调压和备用，并按照电力调度机构下达的日发电曲线、电压曲线和值班调度员的调度指令参与电力系统的调峰、调频、调压和备用。

**第39条** 并网运行的发电机组应按照有关行业标准和所在电网调度管理规程规定，在电力调度机构的统一协调下完成发电机励磁系统、调速系统、电力系统稳定器（PSS）、发电机进相能力、自动发电控制（AGC）、一次调频等试验，并由具有调试资质的单位进行系统调试，其性能和参数应满足电网安全稳定运行需要。新机组达到上述要求后方可进入机组发电组合。

**第40条** 电网调峰任务原则上由抽水蓄能、有调节能力的水电机组、燃气、燃油和燃煤机组承担，必要时火电机组应进行深度调峰或启停调峰。

**第41条** 单机容量4万千瓦及以上水电机组和抽水蓄能机组，单机容量20万千瓦（新建10万千瓦）及以上火电机组均应具备AGC功能并满足有关行业标准规定的要求。投入AGC运行的机组应按照电力调度机构能量管理系统（EMS）的指令参与电网闭环自动发电控制。

**第42条** 并网运行发电机组应具有一次调频功能，技术性能和参数应满足有关行业标准规定的要求。

**第43条** 安排备用容量应满足《电力系统安全稳定导则》和

有关行业标准的要求，在不同类型机组和地区间合理分布。

（一）用以平衡瞬间负荷波动与负荷预计误差的旋转备用容量，为预测最大发电负荷的2%—5%，高峰时段按下限控制；

（二）用以事故备用的可供短时调用的备用容量，为预测最大发电负荷的10%左右，且不小于系统中最大单机容量或电网可能失去的最大受电功率；

（三）用以满足运行机组周期性检修所需的检修备用容量，一般为预测最大发电负荷的8%—15%；

（四）用以应对水电来水以及其它可再生能源发电能力波动的备用容量依实际需要留用；

（五）用以应对重要节假日和重大活动的备用容量依实际需要留用；

（六）用以应对新建机组投产日期不确定性和运行初期不稳定性的备用容量依实际需要留用。

第44条　发电机组参与电力系统的调频、调峰和备用应体现其经济性和可靠性。对列入年度机组发电组合基础方案的发电机组，依据电力调度机构实际调度的运行、备用状况，给予适当补偿。

节能发电调度调频、调峰和备用经济补偿办法由国家电监会会同发展改革委另行制定。试点期间，由各试点省份依据国家电监会会同发展改革委制定的指导意见，结合当地实际情况制定本省的具体补偿办法，并报全国节能发电调度试点工作领导小组备案。

第45条　符合《国务院批转发展改革委、能源办关于加快关停小火电机组若干意见的通知》（国发〔2007〕2号）规定关停的小火电机组，在实施关停之后，可视各地情况给予关停企业适当补偿。试点期间，补偿办法由省级人民政府制定，并报全国节能发电调度试点工作领导小组备案。

## 第六章 信息公开和监管

**第46条** 省级发展改革委（经委、经贸委）和电力调度机构应当及时发布节能发电调度信息，信息发布的内容、形式和时间应符合有关规定的要求。节能发电调度信息公开与发布办法由国家电监会会同发展改革委另行制定。

**第47条** 各有关部门、单位和电力企业应当按照有关规定及时、准确、完整地提供节能发电调度所需的信息，并对其所提供信息的准确性和完整性负责。

**第48条** 各级电力调度机构具体负责所辖范围内的节能发电调度信息发布工作，应建立信息发布系统或通过其他媒介，并指定专人负责统一对外发布相关信息，解答相关问题。

**第49条** 需按照有关规定发布的节能发电调度信息包括：

（一）发电机组能耗和污染物排放水平及其他技术性能等基础资料；

（二）发电机组排序表；

（三）年、月、日机组发电组合方案；

（四）电网结构情况，主要输电断面的最大输送能力，电网阻塞情况；

（五）发电机组、输变电设备年、月检修计划及检修情况；

（六）年、月全网发电信息；

（七）并网电厂月度实际发电量；

（八）全网电力需求预测；

（九）主要水电厂来水情况；

（十）发电机组上网电价；

（十一）发电机组所属企业执行调度指令情况，调峰、调频、备用考核和补偿情况；

（十二）安全校核对无约束机组发电组合的调整情况；

（十三）电网出现的紧急和异常情况，因此对机组发电组合所作的调整；

（十四）其他需要发布的有关信息。

**第 50 条** 电力监管机构、省级发展改革委（经委、经贸委）负责所辖范围内节能发电调度信息发布工作的管理与监督。

**第 51 条** 电网企业要定期形成电网网络阻塞的专题报告，提出整改方案，加强电网建设和改造，完善电网结构，降低网损，减少网络阻塞，以适应节能发电调度的要求。各级政府应予以协调和支持。

**第 52 条** 省级发展改革委（经委、经贸委）和电力监管机构应加强对地方和企业自备电厂的管理和监控。

自备电厂、非统调燃煤电厂的发电机组最迟应于节能发电调度实施或试点工作启动后 3 个月内纳入省级以上电力调度机构统一调度，否则，不得并网运行。

有关组织协调工作由省级发展改革委（经委、经贸委）负责。

**第 53 条** 国家发展改革委指定技术监督检测机构或行业协会负责火力发电机组实时煤耗认定，试点期间暂由省级发展改革委（经委、经贸委）负责组织本地区火力发电机组煤耗的检测与认证工作，相关管理办法由国家发展改革委另行制定。

**第 54 条** 省级环保部门负责组织测定核定各发电机组污染物排放水平，并及时向省级发展改革委（经委、经贸委）通报，为编制排序表和电力调度机构实施调度提供依据。

**第 55 条** 火力发电机组必须安装并实时运行烟气自动在线监测装置，并与省级环保部门、电力监管机构和省级电力调度机构联网。

燃煤热电联产机组必须安装并实时运行热负荷自动在线监测装置，并与省级电力调度机构联网，接受实时动态监管。

**第 56 条** 已安装的脱硫、脱硝、除尘设施运行不稳定以及未按规定建成与环保部门和电力调度机构联网的烟气自动在线监测系统或系统运行不稳定的发电机组，必须限期整改。整改期间，按照未安装脱硫设施的燃煤发电机组参与排序。

**第 57 条** 节能发电调度执行情况的具体监督检查工作由电力监管机构、省级发展改革委（经委、经贸委）和环保部门负责。

## 第七章　附　则

**第 58 条** 省级发展改革委（经委、经贸委）会同有关部门负责本省相关配套规则的制定、修编和实施指导。电力调度机构负责依据本细则修订相关调度规程，完善技术支持系统。发电企业依据本细则和调度规程做好相应的生产组织，完善厂站端技术支持系统。

**第 59 条** 发电企业应切实采取有效措施加强企业内部节能减排工作，必要时应通过技术改造降低能源消耗，减少污染物排放。

**第 60 条** 本细则由国家发展改革委会同有关部门负责解释。

# 中央企业节能减排监督管理暂行办法

国务院国有资产监督管理委员会令

第 23 号

《中央企业节能减排监督管理暂行办法》已经国务院国有资产监督管理委员会第 86 次主任办公会议审议通过，现予公布，自公布之日起施行。

国务院国有资产监督管理委员会主任
二〇一〇年三月二十六日

## 第一章 总 则

**第一条** 为督促中央企业落实节能减排社会责任，建设资源节约型和环境友好型企业，根据《中华人民共和国节约能源法》、《中华人民共和国环境保护法》、《中华人民共和国循环经济促进法》、《中央企业负责人经营业绩考核暂行办法》等有关法律法规和规章，制定本办法。

**第二条** 本办法所称中央企业,是指国务院国有资产监督管理委员会(以下简称国资委)根据国务院授权履行出资人职责的国家出资企业。

**第三条** 中央企业应当严格遵守国家节能减排法律法规和有关政策,依法接受国家节能减排主管部门的监督管理。中央企业各级子企业依法接受所在地县级以上地方人民政府节能减排主管部门的监督管理。

**第四条** 国资委联系中央企业节能减排工作,履行以下职责:

(一)指导监督中央企业贯彻落实国家节能减排有关法律法规、政策和标准,研究制定中央企业节能减排工作意见;

(二)指导监督中央企业统筹规划,建立健全科学、规范的节能减排组织管理、统计监测和考核奖惩体系,切实履行社会责任;

(三)建立健全中央企业负责人节能减排考核奖惩制度,将节能减排目标完成情况纳入中央企业负责人经营业绩考核体系;

(四)组织或参与对中央企业节能减排的监督检查,配合有关部门开展专项审计,建立问责制度;

(五)组织对中央企业节能减排工作的宣传、培训、交流。

**第五条** 国资委对中央企业节能减排实行分类监督管理。按照企业能源消耗及主要污染物排放情况,将中央企业划分为三类(附件1)。

(一)重点类企业。主业处于石油石化、钢铁、有色金属、电力、化工、煤炭、建材、交通运输、机械行业,且具备以下三个条件之一的:

1. 年耗能超过 200 万吨标准煤;
2. 年二氧化硫排放量超过 50000 吨;

3. 年化学需氧量排放量超过 5000 吨。

（二）关注类企业。重点类企业之外具备以下三个条件之一的：

1. 年耗能在 10 万吨标准煤以上；

2. 年二氧化硫排放量在 1000 吨以上；

3. 年化学需氧量排放量在 200 吨以上。

（三）一般类企业。前两项以外的中央企业为一般类企业。

国资委对前款规定的三类企业分类实行动态监管。根据中央企业所处行业、企业能耗和污染物排放量的变化进行适时调整并对外公布。

第六条　中央企业应当制订节能减排工作专项规划并纳入企业发展规划和年度计划，健全节能减排规章制度，落实节能减排责任。

## 第二章　节能减排工作基本要求

第七条　中央企业应当建立健全节能减排组织管理体系。

中央企业应当建立健全节能减排领导机构，负责本企业节能减排总体工作，研究决定节能减排重大事项，建立工作制度和例会制度。

中央企业根据分类管理的要求建立与生产经营相适应的节能减排协调、监督管理机构。

（一）重点类企业应当设置负责节能减排协调、监督管理的职能部门，或者在有关职能部门中设置专职负责协调、监督管理工作的内部机构，负责节能减排日常管理和监督工作。

（二）关注类企业应当在有关职能部门中设置负责协调、监督管理工作的内部机构,配备专职管理人员。

(三)一般类企业应当设立节能减排管理岗位,配备节能减排管理人员,负责节能减排工作的计量、统计、分析和监督检查。

第八条 企业主要负责人对本企业节能减排工作负主要领导责任。企业分管节能减排工作的负责人统筹组织各项节能减排制度和措施的落实,对节能减排工作负分管领导责任。

第九条 中央企业应当建立和完善企业内部节能减排考核奖惩体系,层层分解落实节能减排责任。考核结果应当作为相关领导和人员综合考核评价的重要内容。

第十条 中央企业应当加强节能减排专业队伍建设,建立健全节能减排教育培训制度,落实对企业负责人、节能减排监督管理人员、节能减排重点岗位人员的培训。

第十一条 中央企业应当把节能减排与企业发展战略、结构调整紧密结合,优化产业结构、产品结构和能源消费结构,优化生产工艺和流程,淘汰高污染、高耗能落后生产技术、工艺和装备,推广应用节能减排新技术、新材料、新工艺、新产品。

中央企业应当按照国家产业发展规划,科学有序推进风能、太阳能、生物质能等可再生能源的开发与利用,提高能源综合利用效率。

第十二条 中央企业应当认真编制节能减排年度经费预算,多方筹集资金,加大科研投入力度,加快技术改造,在节能减排重点领域形成一批具有自主知识产权的核心技术,开发新型高效节能环保产品。

第十三条 中央企业新建和改扩建项目应当符合国家产业政策和节能环保标准,依照有关政策,实行环境影响评价和节能评估审查制度。

# 第三章 节能减排统计监测与报告制度

**第十四条** 中央企业应当建立健全节能减排统计监测体系，加强对生产过程中能源消耗和污染物排放的统计监测，提升节能减排信息化水平。

**第十五条** 中央企业应当加强节能减排计量、定额、统计等基础管理工作，建立能源消耗及污染物排放统计台账，严格按照国家规定的口径、范围、折算标准和方法对能源消耗指标和污染物排放指标进行定期收集、汇总和分析。

**第十六条** 中央企业应当确保节能减排统计数据的完整性和准确性，通过企业自我检查、第三方检测、内部审计、外部审计等多种形式对节能减排效果进行评估和核定。

**第十七条** 中央企业应当建立健全节能减排工作报告制度。

中央企业应当建立内部节能减排工作逐级汇总报告制度，并定期将本企业节能减排汇总报表和总结分析报告报送国资委。

重点类、关注类和一般类企业分别按季度、半年度和年度上报汇总报表和总结分析报告。年度汇总报表和总结分析报告应当于次年2月28日前报送；季度报表、半年报表和总结分析报告应当于报告期满之次月20日前报送。

中央企业节能减排总结分析报告应当包括本企业能耗和主要污染物排放状况及变化、节能减排管理情况、节能减排措施、节能减排成效、存在的问题及改进措施等内容。重点类和关注类企业应当开展与同行业节能减排技术指标的对标和分析。

**第十八条** 中央企业应当将本企业节能减排重要科研成果、

重大违规和环保事故、各级政府有关部门对本企业及其所属企业年度考核情况等重要事项及时报告国资委。

## 第四章 节能减排考核

第十九条 国资委将中央企业节能减排工作纳入中央企业负责人经营业绩考核体系，作为对中央企业负责人经营业绩考核的内容。

第二十条 国资委对中央企业节能减排实行分类考核。重点类和关注类企业考核反映企业行业特点的综合性能耗指标和主要污染物排放指标。一般类企业根据行业特点确定定量或定性考核指标。

第二十一条 中央企业应当根据国家节能减排有关政策、企业所处行业特点和节能减排水平，对照同行业国际国内先进水平，提出科学合理的节能减排考核目标。

第二十二条 国资委对中央企业节能减排考核目标进行审核，并在中央企业负责人任期经营业绩考核责任书中明确。

第二十三条 国资委对中央企业节能减排考核目标执行情况实施动态监控。

第二十四条 中央企业节能减排按照下列程序进行考核：

（一）中央企业负责人任期经营业绩考核期末，中央企业对任期节能减排考核目标完成情况进行审查和总结分析，对本企业及其所属企业与政府主管部门签订的节能减排考核目标完成情况进行专项说明，并将审查结果和分析报告报送国资委。

（二）国资委对企业报送的节能减排考核目标完成情况进行审核。对于经过国家节能减排主管部门考核和监测的企业，国资委依据节能减排主管部门审查的相关数据进行核实；对于其他企业，国资委通过审核企业节能减排总结分析报告、现场核查、委托中介机构专项审计等方式，对节能减排目标完成情况进行审核确认。

（三）国资委将中央企业节能减排考核情况与企业负责人经营业绩考核结果一并对外公布。

## 第五章　节能减排奖惩

第二十五条　中央企业发生下列情形之一的，对中央企业负责人经营业绩考核结果予以降级处理（附件2）：

（一）节能减排数据严重不实，弄虚作假的；

（二）发生重大（含重大）以上环境责任事故，造成重大社会影响的；

（三）发生节能减排重大违法违规事件，造成恶劣影响的。

第二十六条　中央企业发生下列情形之一的，对中央企业负责人经营业绩考核结果给予扣分处理（附件2）：

（一）未完成任期节能减排考核目标的；

（二）发生较大和一般环境责任事故的；

（三）被国家节能减排主管部门通报，造成较大负面影响的。

第二十七条　对节能减排成效突出的中央企业，国资委授予"节能减排优秀企业奖"，并给予适当奖励。

第二十八条　授予"节能减排优秀企业奖"的中央企业应当符合下列条件：

（一）完成与国资委签订的任期节能减排考核目标和与政府主管部门签订的节能减排考核目标；

（二）建立较为完善的节能减排组织管理、统计监测和考核奖惩体系；

（三）中央企业负责人任期经营业绩考核结果为C级及以上。

（四）除符合以上三项基本条件外，还应当具备下列条件之一：

1. 中央企业负责人任期经营业绩考核期末，企业主要产品单位能耗、污染物排放水平达到国内同行业最好水平，接近或达到国际同行业先进水平；

2. 中央企业负责人任期经营业绩考核期内，能源利用效率、单位综合能耗降低率、主要污染物排放总量降低率在中央企业居于前列；

3. 中央企业负责人任期经营业绩考核期内，在节能减排技术创新方面取得重大突破，在推动全行业、全社会节能减排方面作出突出贡献。

第二十九条 国资委对节能减排工作成绩突出的企业和个人予以表彰。

# 第六章 附 则

第三十条 本办法所指环境责任事故，依据《国家突发环境事件应急预案》确定。

第三十一条 本办法由国资委负责解释。

第三十二条 本办法自公布之日起施行。


附件1：中央企业节能减排监督管理分类表（略）

附件2：中央企业节能减排考核细则（略）

# 附 录

## 中华人民共和国报废汽车
## 回收管理办法细则

中华人民共和国国务院令

第 307 号

《报废汽车回收管理办法》已经 2001 年 6 月 13 日国务院第 41 次常务会议通过,现予公布,自公布之日起施行。

总理 朱镕基

二〇〇一年六月十六日

第一条 为了规范报废汽车回收活动,加强对报废汽车回收的管理,保障道路交通秩序和人民生命财产安全,保护环境,制定本办法。

第二条 本办法所称报废汽车(包括摩托车、农用运输车,下同),是指达到国家报废标准,或者虽未达到国家报废标准,但发动机或者底盘严重损坏,经检验不符合国家机动车运行安全技术条件或者国家机动车污染物排放标准的机动车。

本办法所称拼装车，是指使用报废汽车发动机、方向机、变速器、前后桥、车架（以下统称"五大总成"）以及其他零配件组装的机动车。

**第三条** 国家经济贸易委员会负责组织全国报废汽车回收（含拆解，下同）的监督管理工作，国务院公安、工商行政管理等有关部门在各自的职责范围内负责报废汽车回收有关的监督管理工作。

县级以上地方各级人民政府经济贸易管理部门对本行政区域内报废汽车回收活动实施监督管理。县级以上地方各级人民政府公安、工商行政管理等有关部门在各自的职责范围内对本行政区域内报废汽车回收活动实施有关的监督管理。

**第四条** 国家鼓励汽车报废更新，具体办法由国家经济贸易委员会会同财政部制定。

**第五条** 县级以上地方各级人民政府应当加强对报废汽车回收监督管理工作的领导，组织各有关部门依法采取措施，防止并依法查处违反本办法规定的行为。

**第六条** 国家对报废汽车回收业实行特种行业管理，对报废汽车回收企业实行资格认定制度。

除取得报废汽车回收企业资格认定的外，任何单位和个人不得从事报废汽车回收活动。

不具备条件取得报废汽车回收企业资格认定或者未取得报废汽车回收企业资格认定，从事报废汽车回收活动的，任何单位和个人均有权举报。

**第七条** 报废汽车回收企业除应当符合有关法律、行政法规规定的设立企业的条件外，还应当具备下列条件：

（一）注册资本不低于 50 万元人民币，依照税法规定为一般纳税人；

（二）拆解场地面积不低于5000平方米；

（三）具备必要的拆解设备和消防设施；

（四）年回收拆解能力不低于500辆；

（五）正式从业人员不少于20人，其中专业技术人员不少于5人；

（六）没有出售报废汽车、报废"五大总成"、拼装车等违法经营行为记录；

（七）符合国家规定的环境保护标准。

设立报废汽车回收企业，还应当符合国家经济贸易委员会关于报废汽车回收行业统一规划、合理布局的要求。

第八条 拟从事报废汽车回收业务的，应当向省、自治区、直辖市人民政府经济贸易管理部门提出申请。省、自治区、直辖市人民政府经济贸易管理部门应当自收到申请之日起30个工作日内，按照本办法第七条规定的条件对申请审核完毕；特殊情况下，可以适当延长，但延长的时间不得超过30个工作日。经审核符合条件的，颁发《资格认定书》；不符合条件的，驳回申请并说明理由。

申请人取得《资格认定书》后，应当依照废旧金属收购业治安管理办法的规定向公安机关申领《特种行业许可证》。

申请人持《资格认定书》和《特种行业许可证》向工商行政管理部门办理登记手续，领取营业执照后，方可从事报废汽车回收业务。

省、自治区、直辖市经济贸易管理部门应当将本行政区域内取得资格认定的报废汽车回收企业，报国家经济贸易委员会备案，并由国家经济贸易委员会予以公布。

**第九条** 经济贸易管理、公安、工商行政管理等部门必须严格依照本办法和其他有关法律、行政法规的规定，依据各自的职责对从事报废汽车回收业务的申请进行审查；不符合规定条件的，不得颁发有关证照。

**第十条** 报废汽车拥有单位或者个人应当及时向公安机关办理机动车报废手续。公安机关应当于受理当日，向报废汽车拥有单位或者个人出具《机动车报废证明》，并告知其将报废汽车交售给报废汽车回收企业。

任何单位或者个人不得要求报废汽车拥有单位或者个人将报废汽车交售给指定的报废汽车回收企业。

**第十一条** 报废汽车回收企业凭《机动车报废证明》收购报废汽车，并向报废汽车拥有单位或者个人出具《报废汽车回收证明》。

报废汽车拥有单位或者个人凭《报废汽车回收证明》，向汽车注册登记地的公安机关办理注销登记。

《报废汽车回收证明》样式由国家经济贸易委员会规定。任何单位和个人不得买卖或者伪造、变造《报废汽车回收证明》。

**第十二条** 报废汽车拥有单位或者个人应当及时将报废汽车交售给报废汽车回收企业。

任何单位或者个人不得将报废汽车出售、赠予或者以其他方式转让给非报废汽车回收企业的单位或者个人；不得自行拆解报废汽车。

**第十三条** 报废汽车回收企业对回收的报废汽车应当逐车登记；发现回收的报废汽车有盗窃、抢劫或者其他犯罪嫌疑的，应当及时向公安机关报告。

报废汽车回收企业不得拆解、改装、拼装、倒卖有犯罪嫌疑的汽车及其"五大总成"和其他零配件。

第十四条　报废汽车回收企业必须拆解回收的报废汽车；其中，回收的报废营运客车，应当在公安机关的监督下解体。拆解的"五大总成"应当作为废金属，交售给钢铁企业作为冶炼原料；拆解的其他零配件能够继续使用的，可以出售，但必须标明"报废汽车回用件"。

报废汽车回收企业拆解报废汽车，应当遵守国家环境保护法律、法规，采取有效措施，防治污染。

第十五条　禁止任何单位或者个人利用报废汽车"五大总成"以及其他零配件拼装汽车。

禁止报废汽车整车、"五大总成"和拼装车进入市场交易或者以其他任何方式交易。

禁止拼装车和报废汽车上路行驶。

第十六条　县级以上地方人民政府经济贸易管理部门依据职责，对报废汽车回收企业实施经常性的监督检查，发现报废汽车回收企业不再具备规定条件的，应当立即告知原审批发证部门撤销《资格认定书》、《特种行业许可证》，注销营业执照。

第十七条　公安机关依照本办法以及废旧金属收购业治安管理办法和机动车修理业、报废机动车回收业治安管理办法的规定，对报废汽车回收企业的治安状况实施监督，堵塞销赃渠道。

第十八条　工商行政管理部门依据职责，对报废汽车回收企业的经营活动实施监督；对未取得报废汽车回收企业资格认定，擅自从事报废汽车回收活动的，应当予以查封、取缔。

第十九条　报废汽车的收购价格，按照金属含量折算，参照废旧金属市场价格计价。

第二十条　违反本办法第六条的规定，未取得报废汽车回收企业资格认定，擅自从事报废汽车回收活动的，由工商行政管理部门没收非法回收的报废汽车、"五大总成"以及其他零配件，送报废汽车回收企业拆解，没收违法所得；违法所得在2万元以上的，并处违法所得2倍以上5倍以下的罚款；违法所得不足2万元或者没有违法所得的，并处2万元以上5万元以下的罚款；属经营单位的，吊销营业执照。

第二十一条 违反本办法第十一条的规定，买卖或者伪造、变造《报废汽车回收证明》的，由公安机关没收违法所得，并处1万元以上5万元以下的罚款；属报废汽车回收企业，情节严重的，由原审批发证部门分别吊销《资格认定书》、《特种行业许可证》、营业执照。

第二十二条 违反本办法第十二条的规定，将报废汽车出售、赠予或者以其他方式转让给非报废汽车回收企业的单位或者个人的，或者自行拆解报废汽车的，由公安机关没收违法所得，并处2000元以上2万元以下的罚款。

第二十三条 违反本办法第十三条的规定，报废汽车回收企业明知或者应知是有盗窃、抢劫或者其他犯罪嫌疑的汽车、"五大总成"以及其他零配件，未向公安机关报告，擅自拆解、改装、拼装、倒卖的，由公安机关依法没收汽车、"五大总成"以及其他零配件，处1万元以上5万元以下的罚款；由原审批发证部门分别吊销《资格认定书》、《特种行业许可证》、营业执照；构成犯罪的，依法追究刑事责任。

第二十四条 违反本办法第十四条的规定，出售不能继续使用的报废汽车零配件或者出售的报废汽车零配件未标明"报废汽车回用件"的，由工商行政管理部门没收违法所得，并处2000元以上1万元以下的罚款。

第二十五条  违反本办法第十五条的规定，利用报废汽车"五大总成"以及其他零配件拼装汽车或者出售报废汽车整车、"五大总成"、拼装车的，由工商行政管理部门没收报废汽车整车、"五大总成"以及其他零配件、拼装车，没收违法所得；违法所得在5万元以上的，并处违法所得2倍以上5倍以下的罚款；违法所得不足5万元或者没有违法所得的，并处5万元以上10万元以下的罚款；属报废汽车回收企业的，由原审批发证部门分别吊销《资格认定书》、《特种行业许可证》、营业执照。

第二十六条  违反本办法第十五条的规定，报废汽车上路行驶的，由公安机关收回机动车号牌和机动车行驶证，责令报废汽车拥有单位或者个人依照本办法的规定办理注销登记，可以处2000元以下的罚款；拼装车上路行驶的，由公安机关没收拼装车，送报废汽车回收企业拆解，并处2000元以上5000元以下的罚款。

第二十七条  违反本办法第九条的规定，负责报废汽车回收企业审批发证的部门对不符合条件的单位或者个人发给有关证照的，对部门正职负责人、直接负责的主管人员和其他直接责任人员给予降级或者撤职的行政处分；其中，对承办审批的有关工作人员，还应当调离原工作岗位，不得继续从事审批工作；构成犯罪的，依法追究刑事责任。

第二十八条  负责报废汽车回收监督管理的部门及其工作人员，不依照本办法的规定履行监督管理职责的，发现不再具备条件的报废汽车回收企业不及时撤销有关证照的，发现有本办法规定的违法行为不予查处的，对部门正职负责人、直接负责的主管人员和其他直接责任人员，给予记大过、降级或者撤职的行政处分；构成犯罪的，依法追究刑事责任。

第二十九条  政府工作人员有下列情形之一的，依法给予降

级直至开除公职的行政处分;构成犯罪的,依法追究刑事责任:

(一)纵容、包庇违反本办法规定的行为的;

(二)向有违反本办法规定行为的当事人通风报信,帮助逃避查处的;

(三)阻挠、干预有关部门对违反本办法规定的行为依法查处,造成严重后果的。

**第三十条** 军队报废汽车的回收管理办法另行制定。

**第三十一条** 本办法自公布之日起施行。

# 再生资源回收管理办法

商务部　发展改革委　公安部
建设部　工商总局　环保总局令
2007 年第 8 号

《再生资源回收管理办法》已经 2006 年 5 月 17 日商务部第 5 次部务会议审议通过，并经发展改革委、公安部、建设部、工商总局、环保总局同意，现予公布，自 2007 年 5 月 1 日起施行。

商务部部长
国家发展和改革委员会主任
公安部部长
建设部部长
国家工商行政管理总局局长
国家环境保护总局局长
二〇〇七年三月二十七日

# 第一章 总 则

**第一条** 为促进再生资源回收，规范再生资源回收行业的发展，节约资源，保护环境，实现经济与社会可持续发展，根据《中华人民共和国清洁生产促进法》、《中华人民共和国固体废物污染环境防治法》等法律法规，制定本办法。

**第二条** 本办法所称再生资源，是指在社会生产和生活消费过程中产生的，已经失去原有全部或部分使用价值，经过回收、加工处理，能够使其重新获得使用价值的各种废弃物。

再生资源包括废旧金属、报废电子产品、报废机电设备及其零部件、废造纸原料（如废纸、废棉等）、废轻化工原料（如橡胶、塑料、农药包装物、动物杂骨、毛发等）、废玻璃等。

**第三条** 在中华人民共和国境内从事再生资源回收经营活动的企业和个体工商户（统称"再生资源回收经营者"）应当遵守本办法。

法律法规和规章对进口可用作原料的固体废物、危险废物、报废汽车的回收管理另有规定的，从其规定。

**第四条** 国家鼓励全社会各行各业和城乡居民积攒交售再生资源。

**第五条** 国家鼓励以环境无害化方式回收处理再生资源，鼓励开展有关再生资源回收处理的科学研究、技术开发和推广。

# 第二章 经营规则

**第六条** 从事再生资源回收经营活动，必须符合工商行政管理登记条件，领取营业执照后，方可从事经营活动。

第七条　从事再生资源回收经营活动，应当在取得营业执照后30日内，按属地管理原则，向登记注册地工商行政管理部门的同级商务主管部门或者其授权机构备案。

备案事项发生变更时，再生资源回收经营者应当自变更之日起30日内（属于工商登记事项的自工商登记变更之日起30日内）向商务主管部门办理变更手续。

第八条　回收生产性废旧金属的再生资源回收企业和回收非生产性废旧金属的再生资源回收经营者，除应当按照本办法第七条规定向商务主管部门备案外，还应当在取得营业执照后15日内，向所在地县级人民政府公安机关备案。

备案事项发生变更时，前款所列再生资源回收经营者应当自变更之日起15日内（属于工商登记事项的自工商登记变更之日起15日内）向县级人民政府公安机关办理变更手续。

第九条　生产企业应当通过与再生资源回收企业签订收购合同的方式交售生产性废旧金属。收购合同中应当约定所回收生产性废旧金属的名称、数量、规格，回收期次，结算方式等。

第十条　再生资源回收企业回收生产性废旧金属时，应当对物品的名称、数量、规格、新旧程度等如实进行登记。

出售人为单位的，应当查验出售单位开具的证明，并如实登记出售单位名称、经办人姓名、住址、身份证号码；出售人为个人的，应当如实登记出售人的姓名、住址、身份证号码。

登记资料保存期限不得少于两年。

第十一条　再生资源回收经营者在经营活动中发现有公安机关通报寻查的赃物或有赃物嫌疑的物品时，应当立即报告公安机关。

公安机关对再生资源回收经营者在经营活动中发现的赃物或

有赃物嫌疑的物品应当依法予以扣押，并开列扣押清单。有赃物嫌疑的物品经查明不是赃物的，应当依法及时退还；经查明确属赃物的，依照国家有关规定处理。

**第十二条** 再生资源的收集、储存、运输、处理等全过程应当遵守相关国家污染防治标准、技术政策和技术规范。

**第十三条** 再生资源回收经营者从事旧货收购、销售、储存、运输等经营活动应当遵守旧货流通的有关规定。

**第十四条** 再生资源回收可以采取上门回收、流动回收、固定地点回收等方式。

再生资源回收经营者可以通过电话、互联网等形式与居民、企业建立信息互动，实现便民、快捷的回收服务。

## 第三章 监督管理

**第十五条** 商务主管部门是再生资源回收的行业主管部门，负责制定和实施再生资源回收产业政策、回收标准和回收行业发展规划。

发展改革部门负责研究提出促进再生资源发展的政策，组织实施再生资源利用新技术、新设备的推广应用和产业化示范。

公安机关负责再生资源回收的治安管理。

工商行政管理部门负责再生资源回收经营者的登记管理和再生资源交易市场内的监督管理。

环境保护行政管理部门负责对再生资源回收过程中环境污染的防治工作实施监督管理，依法对违反污染环境防治法律法规的行为进行处罚。

建设、城乡规划行政管理部门负责将再生资源回收网点纳入城市规划，依法对违反城市规划、建设管理有关法律法规的行为进行查处和清理整顿。

**第十六条** 商务部负责制定和实施全国范围内再生资源回收的产业政策、回收标准和回收行业发展规划。

县级以上商务主管部门负责制定和实施本行政区域内具体的行业发展规划和其他具体措施。

县级以上商务主管部门应当设置负责管理再生资源回收行业的机构，并配备相应人员。

**第十七条** 县级以上城市商务主管部门应当会同发展改革（经贸）、公安、工商、环保、建设、城乡规划等行政管理部门，按照统筹规划、合理布局的原则，根据本地经济发展水平、人口密度、环境和资源等具体情况，制定再生资源回收网点规划。

再生资源回收网点包括社区回收、中转、集散、加工处理等回收过程中再生资源停留的各类场所。

**第十八条** 跨行政区域转移再生资源进行储存、处置的，应当依照《中华人民共和国固体废物污染环境防治法》第二十三条的规定办理行政许可。

**第十九条** 再生资源回收行业协会是行业自律性组织，履行如下职责：

（一）反映企业的建议和要求，维护行业利益；

（二）制定并监督执行行业自律性规范；

（三）经法律法规授权或主管部门委托，进行行业统计、行业调查，发布行业信息；

（四）配合行业主管部门研究制定行业发展规划、产业政策和回收标准。

再生资源回收行业协会应当接受行业主管部门的业务指导。

## 第四章 罚 则

**第二十条** 未依法取得营业执照而擅自从事再生资源回收经营业务的，由工商行政管理部门依照《无照经营查处取缔办法》予以处罚。

凡超出工商行政管理部门核准的经营范围的，由工商行政管理部门按照有关规定予以处罚。

**第二十一条** 违反本办法第七条规定，由商务主管部门给予警告，责令其限期改正；逾期拒不改正的，可视情节轻重，对再生资源回收经营者处500元以上2000元以下罚款，并可向社会公告。

**第二十二条** 违反本办法第八条规定，由县级人民政府公安机关给予警告，责令其限期改正；逾期拒不改正的，可视情节轻重，对再生资源回收经营者处500元以上2000元以下罚款，并可向社会公告。

**第二十三条** 再生资源回收企业违反本办法第十条第一、二款规定，收购生产性废旧金属未如实进行登记的，由公安机关依据《废旧金属收购业治安管理办法》的有关规定予以处罚。

**第二十四条** 违反本办法第十条第三款规定的，由公安机关责令改正，并处500元以上1000元以下罚款。

**第二十五条** 违反本办法第十一条规定，发现赃物或有赃物嫌疑的物品而未向公安机关报告的，由公安机关给予警告，处500元以上1000元以下罚款；造成严重后果或屡教不改的，处以1000元以上5000元以下罚款。

**第二十六条** 有关行政管理部门工作人员严重失职、滥用职权、徇私舞弊、收受贿赂，侵害再生资源回收经营者合法权益的，有关主管部门应当视情节给予相应的行政处分；构成犯罪的，依法追究刑事责任。

## 第五章 附 则

第二十七条 本办法所称"生产性废旧金属"，是指用于建筑、铁路、通讯、电力、水利、油田、市政设施及其他生产领域，已失去原有全部或部分使用价值的金属材料和金属制品。

第二十八条 本办法由商务部、发展改革委、公安部、工商总局、环保总局、建设部负责解释。

各省、自治区、直辖市商务、发展改革（经贸）、公安、工商、环保、建设、城乡规划主管部门可依据本办法，根据当地经济发展客观实际，制定实施细则。

第二十九条 本办法自2007年5月1日起施行。

# 附 录

## "十三五"全民节能行动计划

关于印发《"十三五"全民节能行动计划》的通知
发改环资〔2016〕2705号

各省、自治区、直辖市及计划单列市、新疆生产建设兵团发展改革委、经信委（工信委、工信厅）、科技厅（局）、财政厅（局）、住房和城乡建设厅（局）、交通运输厅（局、委）、人民银行分行、国家税务局、地方税务局、质量技术监督局（市场监督管理部门）、统计局、机关事务管理局、能源局，有关中央企业，有关行业协会：

为贯彻十八届五中全会和"十三五"规划《纲要》要求，切实落实节能优先战略，推动能源生产和消费革命，把节能贯穿于经济社会发展全过程和各领域，形成政府率先垂范、企业积极行动、公众广泛参与的全民节能氛围，大幅提高能源资源开发利用效率，有效控制能源消耗总量，发展节能产业，确保完成"十三五"单位国内生产总值能耗降低15%、2020年能源消费总量控制在50亿吨标准煤以内的目标任务，我们制定了

《"十三五"全民节能行动计划》,现印发你们,请结合实际认真贯彻执行。

国家发展改革委

科技部

工业和信息化部

财政部

住房城乡建设部

交通运输部

人民银行

国资委

税务总局

质检总局

统计局

国管局

能源局

2016 年 12 月 23 日

按照十八届五中全会和"十三五"规划《纲要》要求,为切实贯彻落实节能优先战略,把节能贯穿于经济社会发展全过程和各领域,形成党政机关及公共机构率先垂范、企业积极行动、公众广泛参与的全民节能氛围,推动能源生产和消费革命,大幅提高能源资源开发利用效率,有效控制能源消耗总量,确保完成"十三五"单位国内生产总值能耗降低15%、2020年能源消费总量控制在50亿吨标准煤以内的目标任务,加快建设能源节约型社会,促进生态文明建设,推进绿色发展,特制定本行动计划。

一、节能产品推广行动

用能产品是能源消费的重要载体。提高用能产品能效,加快高效节能产品推广,提高节能产品市场占有率,有利于减少能源消费,降低用能成本,引导产业转型升级,促进节能环保产业发展。行动内容包括:

(一)高效节能产品倍增行动。建立节能产品消费积分制度,鼓励大型超市、龙头电商开辟节能产品销售专区,集中推进节能产品进家庭、节能设备进企业,通过强化认证标识等方式,引导消费者和企业选购高效节能产品和设备。发展节能电子商务、体验馆、博览(展示馆)等新业态,实现线上线下共同发展,重点推广高效节能家电、灶具、热水器、LED照明产品等家庭用能产品,及高效节能电机、工业锅炉等工业用能设备,2020年主要节能产品和设备销售量比2015年翻一番。

(二)用能产品能效领跑者引领行动。选择量大面广、节能潜力大、基础条件好的变频空调、电冰箱、滚筒洗衣机、平板电视、空气净化器等家电产品、办公设备、商用设备、照明产品、工业设备以及交通运输工具等用能产品,实施能效领跑者引领行动。国家鼓励支持能效领跑产品的技术研发、宣传和推广。建立能效领跑产品指标的标准转化机制,根据具体产品的节能技术发展情况,明确领跑产品能效水平转化为产品能效强制性国家标准的时间表,倒逼产品制造企业加快提升技术水平。

(三)完善节能产品推广政策机制。健全节能产品认证制度,引导消费者购买高效节能产品。强化能效标识管理制度,扩大实施范围,实现主要终端用能产品全覆盖,严厉打击能效虚标行为。完善政府强制采购和优先采购制度,推行政府绿色采购,提高采购节能产品的能效水平,扩大政府采购节能产品范围。建立节产品、技术和装备的绿色招投标制度。完善《节能节水专用设备企业所得税优惠目录》，进一步落实节能节水专用设备投资抵免企业所得税优惠政策。

二、重点用能单位能效提升行动

重点用能单位是我国能源消费的主体，占全国能源消费总量的60%以上，重点用能单位的节能成效，决定了全社会节能工作的成效。把提升重点用能单位的能效水平作为实现能源消耗总量和强度"双控"目标的"牛鼻子"，"十三五"重点用能单位实现节能2.5亿吨标准煤。行动内容包括：

（一）重点用能单位"百千万"行动。对重点用能单位实行属地管理基础上的分级监管，落实各级节能主管部门监督管理责任，严格考核问责。全国能耗最高的一百家企业（集团）纳入中央政府重点监督管理范围，能耗较高的一千家重点用能单位纳入省级政府重点监督管理范围，其它重点用能单位（约1.6万家）由各市（区、县）负责节能监督管理。

（二）重点用能单位节能自愿承诺活动。鼓励重点用能单位在完成国家能源消费总量控制和节能量目标要求基础上，自愿追求更高能效并向政府管理节能工作的部门作出承诺。实施重点用能单位综合能效提升工程，支持500家自愿承诺的重点用能单位实施能效综合提升改造，推动用能管理水平和能源利用效率达到国际先进水平。

（三）提升重点用能单位节能管理水平。推动用能单位加强全过程和各环节用能管理，促进节能管理持续改进，节能技术持续进步，能效指标持续提升。加快推进重点用能单位能源管理体系建设，到2020年全部重点用能单位基本完成能源管理体系建设。落实能源管理岗位和能源管理负责人制度，强化能源计量器具配备与智能化升级,加强能耗在线计量分析,严格能源利用状况报告制度,推广能耗在线监测系统。鼓励重点用能单位把能源节约作为降低运行成本、提高竞争力的重要途径。鼓励重点用能单位利用第三方认证提升能源管理水平和绩效,推动各方采信认证结果。

三、工业能效赶超行动

工业能源消费是我国能源消费的重点领域,通过全面落实《中国制造2025》,推动工业绿色转型升级,全面提高工业能源利用效率和清洁化水平,"十三五"时期规模以上单位工业增加值能耗降低18%,力争2020年工业能源消费达到峰值,电力、钢铁、建材、石化、化工、有色、煤炭、纺织、造纸等重点耗能行业能效水平达到国际先进水平。行动内容包括:

(一)推动工业结构优化升级。加快发展先进制造业等高附加值产业,培育战略性新兴产业等新的经济增长点,合理规划产业和地区布局,推动工业发展逐步从资源、劳动密集型向资本、技术密集型转变。有效化解过剩产能,严格节能审查,严控高耗能行业产能扩张。加强工业领域节能监察,组织实施国家重大工业节能专项监察,强化能耗执法,依法淘汰落后的生产工艺、技术和设备。探索从全生命周期推动工业节能,不断优化工业产品结构,推进产品生态设计,推广复合材料和高强度材料,减少生产过程中初级原材料投入和能源消耗,积极开发高附加值、低消耗、低排放产品。

(二)大力推进工业能效提升。贯彻强制性单位产品能耗限额标准,在电解铝、水泥等行业落实阶梯电价和差别电价相关价格政策,定期开展能源审计、能效诊断,发掘节能潜力。加强工业能源管理信息化建设,进一步提升钢铁、建材、石化、化工、有色、轻工等行业能源管理信息化、智能化水平，推进新一代信息技术与制造技术融合发展，把智能制造作为信息化和工业化融合主攻方向，用互联网+、云计算、大数据、工业机器人、智能制造等手段，提升工业生产效率，降低工业能耗。开展节能低碳电力调度。推进工业领域电力需求侧管理，从供需两侧共同发力，促进电力需求侧与供给侧互动响应，贯彻工业领域电力需求侧管理规范指南、建设工业领域电力需求侧管理数据平台，提升工业企业电力需求侧管理水平。鼓励采取合同能源管理方式实施节能技术改造，探索通过能源托管方式降低用能成本。

（三）开展高耗能行业能效对标达标。选择电力、钢铁、建材、石化、化工、有色、煤炭、纺织、造纸等高耗能行业，从单位产品能耗领先企业中遴选领跑者，编制行业能效对标指南，鼓励全行业以能效领跑企业为目标开展能效对标达标活动，适时将能效领跑者能效指标纳入能耗限额强制性国家标准，加快行业整体技术进步。

四、建筑能效提升行动

建筑是节能的重点领域之一，建筑能耗具有能耗"锁定"效应。我国存量建筑有500多亿平方米，每年新建建筑约有20亿平方米，建筑能耗在我国能源消费中比重不断提升。进一步加强建筑节能工作，在达到同样舒适程度的同时有效控制建筑能耗过快增长。行动内容包括：

（一）大幅提升新建建筑能效。编制绿色建筑建设标准，提高建筑节能标准要求，严寒及寒冷地区城镇新建居住建筑加快实施更高水平的地方建筑节能强制性标准，逐步扩大绿色建筑标准强制执行范围。实施绿色建筑全产业链发展行动，推进高水平高性能绿色建筑发展，积极开展超低能耗或近零能耗建筑（小区）建设示范。推进建造方式绿色化，推广装配式住宅，鼓励发展现代钢结构建筑。推动绿色节能农房建设试点。引导绿色建筑开发单位及物业管理单位更加注重绿色建筑运营管理，实现绿色设计目标，加快培育绿色建筑消费市场，定期发布绿色建筑信息。到2020年，城镇新建建筑能效水平较2015年提升20%，城镇绿色建筑占新建建筑比重超过50%，比2015年翻一番。

（二）深化既有居住建筑节能改造。深入推进既有居住建筑节能改造，因地制宜提高改造标准，开展超低能耗改造试点。在夏热冬冷地区，积极推广以外遮阳、通风、绿化、门窗及兼顾保温隔热功能为主要内容的既有居住建筑节能和绿色化改造。积极探索夏热冬暖地区既有居住建筑节能和绿色化改造技术路线。

（三）大力推动公共建筑节能运行与改造。深入推进公共建筑能耗统计、能源审计及能效公示工作。进一步加强公共建筑能耗监测平台建设。探索建立基于能耗数据的重点用能建筑管理制度及公共建筑能效比对制度。支持采用合同能源管理、政府和社会资本合作（PPP）等市场化方式，对公共建筑进行节能改造。继续做好节能型学校、医院、科研院所建设，积极开展绿色校园、绿色医院政策标准制定及建设试点工作。

（四）优化建筑用能结构。大力推广可再生能源与建筑一体化，推动太阳能光伏在建筑上的分布式应用，鼓励推广太阳能热水器、空气源热泵热水器，有条件地区新建建筑应当按相关技术规范要求预留安装位置等。实施城市智慧热网试点，科学推进供热计量，条件适宜地区优先利用工业余热和浅层地能为建筑供暖。加快新型可再生能源建筑应用技术、产品、设备的研发与推广。在夏热冬冷地区积极推广水源、空气源、污水源热泵等。推广红外线灶、聚能灶等高效清洁灶具，鼓励太阳能、生物质能等在农村地区规模化应用，推广被动式太阳能房建设。

五、交通节能推进行动

交通运输是石油消费的主要行业，也是节能的重要领域。能源成本占交通运输企业总成本的30%—40%左右。大力推进交通运输节能，不仅是推进交通运输绿色发展的重要内容，也是降低企业用能成本的重要途径。"十三五"时期，铁路单位运输工作量综合能耗降低5%，营运客车、货车单位运输周转量能耗降低2.1%、6.8%，营运船舶单位运输周转量能耗降低6%，民航业单位运输周转量能耗降低7%。行动内容主要包括：

（一）构建节能高效的综合交通物流体系。加快高铁和铁路基础设施建设，提升核心铁路网的密度和运输能力。打造完善、无缝衔接、方便舒适的城市公共交通服务体系，提升公共出行比重。加快内河高等级航道及港口等物流节点集疏运体系建设，大力发展铁水联运、公铁联运等多式联运和铁路集装箱运输、水水中转，促进不同运输方式的合理分工和有效衔接，提高铁路和水运在中长距离货物运输中的比重。发展甩挂运输，建设便捷、高效、信息化的物流平台、物流园、物流中心。到2020年，常住人口百万人以上大城市公共出行比重达到30%以上。

（二）推进交通运输用能清洁化。在资源适宜地区推广天然气车船，加强主要高速公路、道路沿线天然气加气站建设，稳步推进水上液化天然气加注站建设。提升铁路系统电气化水平，实施港口岸电改造工程。大力推广节能与新能源汽车，集中突破电动汽车关键技术，健全消费者补贴及递减退出制度，适度超前建设充电桩、配套电网等基础设施，依托充电智能服务平台，形成较为完善的充电基础设施体系。到2020年，新能源汽车保有量提高到500万辆。

（三）提高交通运输工具能效水平。逐步提高车辆燃油经济性标准，加快油品质量升级。发展高效载货汽车，采用制动能量回收系统、复合材料等提高车辆燃油经济性。发展智能交通，建立公众出行信息服务系统，降低空载率和不合理客货运周转量。到2020年，节能型汽车燃料消耗量降至4.5升/百公里以下，新增乘用车平均燃料消耗量降至5.0升/百公里。

六、公共机构节能率先行动

公共机构是社会行为的示范和标杆，公共机构的节能行为受到社会广泛关注。通过深入推进节约型公共机构创建，降低能源资源消耗，切实发挥公共机构的表率示范作用，引导和带动全社会做好节能减排工作。"十三五"时期，公共机构单位建筑面积能耗降低10%，公共机构人均能耗降低11%。行动内容包括：

（一）全面建设节约型公共机构。公共机构新建建筑率先普及绿色建筑，率先完成既有建筑节能改造、实现按热计量收费，率先实现新购公务用车普及节能和新能源汽车，率先采购和使用节能、节水、环保等绿色产品、设备。推进公共机构数据中心节能改造，建设绿色数据中心。

（二）强化公共机构节能管理。明确公共机构节能目标责任，开展目标评价考核。鼓励公共机构率先建立能源管理体系，加强能源计量基础建设，开展能源审计，实施用能独立核算，鼓励推行能耗定额管理。开展公共机构用能大数据管理，对公共机构重点用能单位实施能耗在线监测和用能优化。推行合同能源管理模式实施节能改造，鼓励公共机构开展用能托管。

（三）公共机构节能自觉行动。倡导各级公共机构用电高峰时段每天少开一小时空调，使用空调时关好门窗，夏季室内空调温度设置不得低于26摄氏度，冬季室内空调温度设置不得高于20

摄氏度，日常办公尽量采用自然光，离开会议室等办公区时随手关灯。开展零待机能耗活动，推广使用节能插座等降低待机能耗的新技术和新产品。提倡高层建筑电梯分段运行或隔层停开，上下两层楼不乘电梯，尽量减少电梯不合理使用等。开展公务自行车试点。机关工作人员每月少开一天车。

（四）示范推广公共机构节能典型经验。遴选发布一批政府机关、学校、医院等不同类型公共机构能效领跑者，引导公共机构以能效领跑者为标杆不断提升能效水平。对被评为能效领跑者的公共机构及其节能管理人员给予表彰和奖励。建立公共机构能效领跑者案例库并向社会发布。将能效领跑者指标作为开展公共机构节能目标责任评价考核的重要依据。深化节约型公共机构示范单位创建活动，创建3000个国家级示范单位，推动省级、地市级示范单位创建工作，实现县县有示范。

七、节能服务产业倍增行动

节能服务业是为用能单位节能提供咨询、诊断、设计、改造、托管等服务的产业。加快发展节能服务产业，不仅可以为节能提供重要支撑，也是培育经济增长新动能的重要内容。到2020年，节能服务产业产值比2015年翻一番。行动内容包括：

（一）推进节能服务产业创新发展。全面推行效益分享型、能源费用托管型、节能量保证型、融资租赁等多种形式的合同能源管理模式。鼓励节能服务公司创新服务模式，为用户提供节能咨询、诊断、设计、评估、检测、审计、认证、改造、托管等"一站式"合同能源管理综合服务。积极培育第三方节能量审核和节能评估、检测、审计、认证机构。

（二）优化节能服务产业发展环境。全面清理和废除妨碍公平竞争的各种制度、政策和措施，建立全国统一开放、竞争有序的节能服务市场。落实合同能源管理税收优惠政策。鼓励银行等金融机构探索开展合同能源管理项目收益权质押贷款，支持节能服务公司发行绿色债券，鼓励社会资本按市场化原则设立节能服务产业投资基金。

（三）强化节能服务产业管理。建立健全节能服务机构管理制度，依法查处节能咨询、设计、评估、检测、审计、认证等服务机构提供虚假信息行为。营造促进合同能源管理健康发展的市场环境，建立合同能源管理合同注册登记管理服务平台，鼓励用能单位、节能服务公司将节能服务合同在平台登记注册。实施节能服务公司、用能单位、第三方机构失信黑名单制度，依法在主管部门网站向社会公开，建立信用记录，纳入全国信用信息共享平台。

八、节能科技支撑行动

科学技术是节能提高能效的重要支撑。针对节能技术需求，加强关键共性技术研发、示范、推广，推进科技成果的转化应用，全面提升节能技术水平。行动内容包括：

（一）加快共性关键技术开发。推动节能领域建设一批工程技术研究中心及节能领域研发基地和平台，促进节能高新技术和产品研发创新。在国家、地方科技计划（专项）中，统筹支持符合条件的节能共性关键技术研发。支持建立各类节能技术支撑机构。加强产学研用结合，推进校（研）企联合，共同研究解决节能关键和共性技术问题。引进、消化、吸收和再创新节能关键技术和装备。

（二）加快先进适用技术推广应用。修订《中国节能技术政策大纲》。修订《节能低碳技术推广管理暂行办法》，完善节能技术遴选、评定及示范推广机制，定期发布《国家重点节能低碳技术推广目录》和《节能减排与低碳技术成果转化推广清单》，组织有关方面开展节能技术供需对接会，组织实施节能技术示范工程。积极参加国际节能技术装备推广合作，推动中国先进的节能技术装备走出去。

（三）健全节能技术服务体系。鼓励发展节能技术服务机构，鼓励科研院所、行业协会特别是各级节能中心为企业提供节能技术咨询服务。建立全国性、行业性的节能技术推广服务平台，为节能技术推广提供服务，便于用能单位选用适用的技术装备。鼓励有条件的技术单位建立节能技术装备的展示、展览、交易平台，建设一批节能技术示范推广中心和教育示范基地，综合采取采用"互联网+展览展示"等模式，提升节能技术服务能力。

九、居民节能行动

家庭是社会的基础，也是能源消费的重要主体之一。随着城镇化加快推进和人们生活水平持续提高，居民生活用能需求呈现刚性增长态势。要广泛动员居民参与节能，全面推进家庭节能，夯实全社会节能工作基础。行动内容包括：

（一）提升节能意识。突出节能日常宣传，组织好每年一度的全国节能宣传周，宣传节能成效、经验和做法，宣传我国经济社会发展面临的资源环境形势，突出节能就是减排的理念，树立"少用一半能源，就是少排放一半空气污染物"的观念。加强节能教育，在中小学校设立节能宣传栏，引导青少年树立节能意识。通过广播、电视、报纸、网络等向全社会倡议开展能源紧缺体验活动，如夏季用电高峰时段少开一小时空调，每月少开一天车，6楼以下每月一天不乘电梯，通过日常小事提醒大家注意能源对居民生活的重要性，提高节能意识。

（二）普及节能知识。围绕百姓日常生活中节能问题，编写

《家庭节能指南》，普及百姓日常生活节能小窍门和使用方法，介绍先进实用技术、科技成果，如选用和正确使用节能电器等，广为传播、普及节能科学知识和方法，帮助广大居民掌握节能基本知识，让居民认识节能、掌握节能、践行节能。

（三）强化节能实践。倡导居民对低消耗、少用能、低排放的节能型生活方式身体力行，采取步行、骑自行车、乘公交等绿色出行方式代替驾驶机动车出行，自觉选购节能家电和高效照明产品，随手关灯，杜绝白昼灯、长明灯，及时关闭家用电器，减少待机能耗。在社区组织居民开展节能志愿活动，交流节能经验，曝光浪费能源行为，积极发挥居民监督作用。

十、节能重点工程推进行动

组织实施节能重点工程，激发市场主体节能的主动性，促进先进节能技术、装备和产品的推广应用，2020年力争工业锅炉（窑炉）、电机（水泵、风机、空压机）系统、变压器等通用设备运行能效提高5个百分点以上，重点行业主要产品单位能耗指标总体达到国际先进水平，"十三五"期间形成3亿吨标准煤左右的节能能力。

（一）余热暖民工程。选择150个具备条件的市（县、区），开展余热暖民项目示范，通过建设高效采集、管网输送、终端利用供热体系，回收工业低品位余热为居民供热，探索建立余热资源用于供热的典型模式。到2020年替代燃煤供热20亿平方米以上，减少供热用原煤5000万吨以上。

（二）燃煤工业锅炉节能环保综合提升工程。发布高效节能锅炉推广目录，推进燃煤锅炉"以大代小"，推广节能环保煤粉锅炉。鼓励综合采取锅炉燃烧优化、二次送风、自动控制、余热回收、太阳能预热、主辅机优化、热泵、冷凝水回收等技术实施锅炉系统节能改造，提高运行管理水平和热效率。改善燃料品质，力争2020年燃煤锅炉全部使用洗选煤，逐步提高工业锅炉燃用专用煤的比例。"十三五"时期形成5000万吨标准煤的节能能力。

（三）电机系统能效提升工程。推进电机系统调节方式改造，重点开展高压变频调速、永磁调速、内反馈调速、柔性传动等节能改造，支持基于互联网的电机系统能效监测、故障诊断、优化控制平台建设。鼓励采用高效电动机、风机、压缩机、水泵、变压器替代低效设备，加快系统无功补偿改造。2020年电机系统运行效率比2015年提高3—5个百分点，形成4000万吨标准煤的节能能力。

（四）绿色照明工程。以城市道路/隧道照明节能改造为重点，加快半导体照明关键设备、核心材料研发和产业化，支持技术成熟的半导体通用照明产品推广应用。到2020年，在200个城市、县实施道路照明节能改造工程，推广1000万余盏LED路灯，形成节电能力100亿千瓦时左右。

（五）重点用能单位综合能效提升工程。围绕高耗能行业企业，加快工艺革新，实施系统节能改造和能效提升，鼓励先进节能技术的集成优化运用，推动节能从局部、单体节能向全流程、系统节能转变。以电力、钢铁、建材、石化、化工、有色、煤炭、纺织、造纸等行业为重点，深入开展重点行业重点用能单位能效综合提升工程，支持约500家大型重点用能单位实施能量系统优化、燃煤锅炉节能改造、电机系统等用能设备节能改造、生产工艺节能改造，并建立能源管理体系。

（六）合同能源管理推进工程。扎实贯彻党中央国务院关于推广合同能源管理工作要求，落实支持政策，实施节能改造，降低企业用能成本。鼓励合同能源管理项目融资创新，通过"债投"、

"债贷"结合等方式支持项目实施。"十三五"时期形成8000万吨标准煤的节能能力。

（七）城镇化节能升级改造工程。优化升级城市能源基础设施，加快电力需求侧管理平台开发建设，统筹规划新增用能区域和既有用能区域系统改造。推动用能单位实施需求侧和供给侧互动响应、电能替代和用电设备智能化改造，针对电、热、冷、气等多种用能需求，因地制宜、统筹开发、互补利用传统能源和新能源，优化布局建设一体化集成供能基础设施，通过分布式供能系统和智能微网等方式扩大天然气、电力、分布式可再生能源等清洁能源供应和消纳能力，实现多能协同供应和能源综合梯级利用，系统提升城市终端供用能效率。对企业用能较为集中的园区、开发区等区域，将生产用蒸汽和热水供应纳入能源基础设施建设，减少小锅炉使用。对集中供热地区实施节能升级改造，减少管网漏损。对未纳入集中供暖的长江经济带等夏热冬冷地区，推广高效地能、江水源热泵，加大浅层地能开发力度，实施城镇冷热一体化供应节能改造。

（八）煤炭消费减量替代工程。大力化解钢铁、水泥、玻璃等高耗能行业过剩产能，大幅压减煤炭消费。实施煤炭清洁高效利用行动计划，在焦化、煤化工、工业锅炉、窑炉等重点用煤领域，推进煤炭清洁、高效、分质利用。有条件的地区，有序推进煤改气、煤改电、工业副产可燃气制备天然气，利用可再生能源、天然气、电力等优质能源替代煤炭，特别是散煤的消费。实施"地能暖村"节能减煤示范工程，鼓励因地制宜开发利用浅层地能替代散煤。到2020年，形成减量和替代原煤消费能力6000—9000万吨。

（九）能量系统优化工程。按照能源梯级利用、系统优化的原则，对工业窑炉实施节能改造，推广应用热源改造、燃烧系统改造、窑炉结构改造等技术。推广普及中低品位余热余压利用技术，尤其是提高中小型企业余热余压利用率，推进余热余压利用技术与工艺节能相结合，提高企业余热余压回收利用效率。深入挖掘系统节能潜力，提升系统能源效率。推广新型高效工艺技术路线，提高行业能源使用效率。到2020年，形成5000万吨标准煤的节能能力。

（十）节能技术产业化示范工程。围绕节能减煤和化石能源清洁高效燃烧，重点支持中低品位余热的有机郎肯循环和螺杆膨胀发电、低品位余热用于城镇供热、燃煤锅炉超高能效和超低排放燃烧、工业用煤气化燃烧、水煤超临界制氢、民用散煤清洁高效燃烧、浅层地能开发利用、半导体照明等关键技术和装备产业化示范，加快推广高温高压干熄焦、无球化节能粉磨、新型结构铝电解槽、电炉钢等短流程工艺、铝液直供，智能控制等先进技术，实施一批重大节能技术示范工程。

# 高耗能特种设备节能
# 监督管理办法

国家质量监督检验检疫总局
第 116 号

《高耗能特种设备节能监督管理办法》经 2009 年 5 月 26 日国家质量监督检验检疫总局局务会议审议通过，现予公布，自 2009 年 9 月 1 日起施行。

国家质量监督检验检疫总局局长
二〇〇九年七月三日

## 第一章 总 则

**第一条** 为加强高耗能特种设备节能审查和监管，提高能源利用效率，促进节能降耗，根据《中华人民共和国节约能源法》、《特种设备安全监察条例》等法律、行政法规的规定，制定本办法。

**第二条** 本办法所称高耗能特种设备，是指在使用过程中能源消耗量或者转换量大，并具有较大节能空间的锅炉、换热压力容器、电梯等特种设备。

**第三条** 高耗能特种设备生产（含设计、制造、安装、改造、维修，下同）、使用、检验检测的节能监督管理，适用本办法。

**第四条** 国家质量监督检验检疫总局（以下简称国家质检总局）负责全国高耗能特种设备的节能监督管理工作。

地方各级质量技术监督部门负责本行政区域内高耗能特种设备的节能监督管理工作。

**第五条** 高耗能特种设备节能监督管理实行安全监察与节能监管相结合的工作机制。

**第六条** 高耗能特种设备的生产单位、使用单位、检验检测机构应当按照国家有关法律、法规、特种设备安全技术规范等有关规范和标准的要求，履行节能义务，做好高耗能特种设备节能工作，并接受国家质检总局和地方各级质量技术监督部门的监督检查。

**第七条** 国家鼓励高耗能特种设备的生产单位、使用单位应用新技术、新工艺、新产品，提高特种设备能效水平。对取得显著成绩的单位和个人，按照有关规定予以奖励。

## 第二章 高耗能特种设备的生产

**第八条** 高耗能特种设备生产单位应当按照国家有关法律、法规、特种设备安全技术规范等有关规范和标准的要求进行生产，确保生产的高耗能特种设备符合能效指标要求。

特种设备生产单位不得生产不符合能效指标要求或者国家产

业政策明令淘汰的高耗能特种设备。

**第九条** 高耗能特种设备的设计，应当在设备结构、系统设计、材料选用、工艺制定、计量与监控装置配备等方面符合有关技术规范和标准的节能要求。

**第十条** 高耗能特种设备的设计文件，应当经特种设备检验检测机构，按照有关特种设备安全技术规范和标准的规定进行鉴定，方可用于制造。未经鉴定或者鉴定不合格的，制造单位不得进行产品制造。

**第十一条** 高耗能特种设备制造企业的新产品应当进行能效测试。未经能效测试或者测试结果未达到能效指标要求的，不得进行批量制造。

锅炉、换热压力容器产品在试制时进行能效测试。电梯产品在安全性能型式试验时进行能效测试。

**第十二条** 特种设备检验检测机构接到高耗能特种设备制造单位的产品能效测试申请，应当按照有关特种设备安全技术规范和标准的要求进行测试，并出具能效测试报告。

**第十三条** 特种设备检验检测机构对高耗能特种设备制造、安装、改造、维修过程进行安全性能监督检验时，应当同时按照有关特种设备安全技术规范的规定，对影响设备或者系统能效的项目、能效测试报告等进行节能监督检查。

未经节能监督检查或者监督检查结果不符合要求的，不得出厂或者交付使用。

**第十四条** 高耗能特种设备出厂文件应当附有特种设备安全技术规范要求的产品能效测试报告、设备经济运行文件和操作说明等文件。

**第十五条** 高耗能特种设备的安装、改造、维修，不得降低产品及其系统的原有能效指标。

特种设备检验检测机构发现设备和系统能效项目不符合相关特种设备安全技术规范要求时，应当及时告知高耗能特种设备安装、改造、维修单位。被告知单位应当依照特种设备安全技术规范要求进行评估或者能效测试，符合要求后方可交付使用。

第十六条　高耗能特种设备安装、改造、维修单位应当向使用单位移交有关节能技术资料。

## 第三章　高耗能特种设备的使用

第十七条　高耗能特种设备使用单位应当严格执行有关法律、法规、特种设备安全技术规范和标准的要求，确保设备及其相关系统安全、经济运行。

高耗能特种设备使用单位应当建立健全经济运行、能效计量监控与统计、能效考核等节能管理制度和岗位责任制度。

第十八条　高耗能特种设备使用单位应当使用符合能效指标要求的特种设备，按照有关特种设备安全技术规范、标准或者出厂文件的要求配备、安装辅机设备和能效监控装置、能源计量器具，并记录相关数据。

第十九条　高耗能特种设备使用单位办理特种设备使用登记时，应当按照有关特种设备安全技术规范的要求，提供有关能效证明文件。对国家明令淘汰的高耗能特种设备，不予办理使用登记。

第二十条　高耗能特种设备安全技术档案至少应当包括以下内容：

（一）含有设计能效指标的设计文件；

（二）能效测试报告；

（三）设备经济运行文件和操作说明书；

（四）日常运行能效监控记录、能耗状况记录；

（五）节能改造技术资料；

（六）能效定期检查记录。

**第二十一条** 对特种设备作业人员进行考核时，应当按照有关特种设备安全技术规范的规定，将节能管理知识和节能操作技能纳入高耗能特种设备的作业人员考核内容。

高耗能特种设备使用单位应当开展节能教育和培训，提高作业人员的节能意识和操作水平，确保特种设备安全、经济运行。高耗能特种设备的作业人员应当严格执行操作规程和节能管理制度。

**第二十二条** 锅炉使用单位应当按照特种设备安全技术规范的要求进行锅炉水（介）质处理，接受特种设备检验检测机构实施的水（介）质处理定期检验，保障锅炉安全运行、提高能源利用效率。

**第二十三条** 锅炉清洗单位应当按照有关特种设备安全技术规范的要求对锅炉进行清洗，接受特种设备检验检测机构实施的锅炉清洗过程监督检验，保证锅炉清洗工作安全有效进行。

**第二十四条** 特种设备检验检测机构在特种设备定期检验时，应当按照特种设备安全技术规范和标准的要求对高耗能特种设备使用单位的节能管理和设备的能效状况进行检查。发现不符合特种设备安全技术规范和标准要求的，应当要求使用单位进行整改。当检查结果异常或者偏离设计参数难以判断设备运行效率时，应当由从事高耗能特种设备能效测试的检验检测机构进行能效测试，以准确评价其能效状况。

第二十五条　高耗能特种设备及其系统的运行能效不符合特种设备安全技术规范等有关规范和标准要求的，使用单位应当分析原因，采取有效措施，实施整改或者节能改造。整改或者改造后仍不符合能效指标要求的，不得继续使用。

第二十六条　对在用国家明令淘汰的高耗能特种设备，使用单位应当在规定的期限内予以改造或者更换。到期未改造或者更换的，不得继续使用。

## 第四章　监督管理

第二十七条　高耗能特种设备节能产品推广目录、淘汰产品目录，依照《中华人民共和国节约能源法》制定并公布。

第二十八条　各级质量技术监督部门发现高耗能特种设备生产单位、使用单位和检验检测机构违反有关法律、法规、特种设备安全技术规范和标准的行为，应当以书面形式责令有关单位予以改正。

第二十九条　地方各级质量技术监督部门应当加强对高耗能特种设备节能工作效果的信息收集，定期统计分析，及时向上一级质量技术监督部门报送，并将相关工作信息纳入特种设备动态监管体系。

第三十条　国家质检总局和省、自治区、直辖市质量技术监督部门应当定期向社会公布高耗能特种设备能效状况。

第三十一条　从事高耗能特种设备能效测试的检验检测机构，应当按照《特种设备安全监察条例》以及特种设备安全技术规范等有关规范和标准的要求，依法进行高耗能特种设备能效测试工作。

**第三十二条** 从事高耗能特种设备能效测试的检验检测机构，应当保证能效测试结果的准确性、公正性和可溯源性，对测试结果负责。

**第三十三条** 从事高耗能特种设备能效测试的检验检测机构，发现在用高耗能特种设备能耗严重超标的，应当及时告知使用单位，并报告所在地的特种设备安全监督管理部门。

## 第五章 附 则

**第三十四条** 高耗能特种设备的生产、使用、检验检测活动违反本办法规定的，依照《中华人民共和国节约能源法》、《特种设备安全监察条例》等相关法律法规的规定进行处罚和处分。

**第三十五条** 本办法由国家质检总局负责解释。

**第三十六条** 本办法自2009年9月1日起施行。

# 高效节能产品推广财政补助资金管理暂行办法

关于开展"节能产品惠民工程"的通知

财建〔2009〕213号

各省、自治区、直辖市、计划单列市财政厅（局）、发展改革委（经委、经贸委、经信委、工信委、工信厅），新疆生产建设兵团财务局、发展改革委：

根据《国务院关于加强节能工作的决定》（国发〔2006〕28号）和《国务院关于进一步加强节油节电工作的通知》（国发〔2008〕23号），经国务院同意，财政部、国家发展改革委组织实施"节能产品惠民工程"，采取财政补贴方式，加快高效节能产品的推广，一方面有效扩大内需特别是消费需求，另一方面提高终端用能产品能源效率。为加强财政资金管理，我们制定了《高效节能产品推广财政补助资金管理暂行办法》，现印发给你们，请遵照执行。

财政部

国家发展改革委

二〇〇九年五月十八日

# 第一章 总 则

**第一条** 根据《国务院关于加强节能工作的决定》（国发〔2006〕28号）和《国务院关于进一步加强节油节电工作的通知》（国发〔2008〕23号），中央财政安排专项资金，支持高效节能产品的推广使用，扩大高效节能产品市场份额，提高用能产品的能源效率水平。为加强高效节能产品推广财政补助资金（以下简称"补助资金"）管理，提高资金使用效益，特制定本办法。

**第二条** 本办法所称高效节能产品是指满足使用功能和质量要求的前提下，依据能源效率国家标准，能源效率较高的用能产品。

**第三条** 生产企业是高效节能产品推广的主体。中央财政对高效节能产品生产企业给予补助，再由生产企业按补助后的价格进行销售，消费者是最终受益人。

**第四条** 补助资金按照科学合理、公正透明的原则安排使用，并接受社会监督。

# 第二章 推广产品与推广企业

**第五条** 国家将量大面广、用能量大、节能潜力明显的高效节能产品纳入财政补贴推广范围。具体产品种类另行确定。当高效节能产品市场份额达到一定水平时，国家不再补贴推广。

**第六条** 财政部、国家发展改革委建立推广企业和产品准入制度，制定各类产品推广实施细则。

**第七条** 符合条件的生产企业根据实施细则要求，将高效节能产品推广申请报告及下述材料报所在地节能主管部门和财政部门，经省级节能主管部门、财政部门审核后，报国家发展改革委、财政部。

（一）产品的能源效率及质量性能参数；

（二）产品推广价格；

（三）推广方案；

（四）其他相关材料。

第八条　国家发展改革委、财政部组织对地方上报的高效节能产品推广申请报告及相关材料进行审核，并公告推广产品规格型号及推广企业目录。

## 第三章　补助条件

第九条　财政补助的高效节能产品必须符合以下条件：

（一）符合能源效率国家标准要求，能源效率等级为1级或2级，其它质量性能符合相关国家标准规定；

（二）推广数量达到一定规模；

（三）实际销售价格不高于企业承诺的推广价格减去财政补助后的金额；

（四）具有唯一可识别的产品条码序列号，外包装和本体上按要求加施"节能产品惠民工程"标识和字样；

（五）推广企业具有完善的售后服务体系，履行约定的质量及服务；

（六）推广企业具有完备的产品销售及用户信息管理系统，按要求提供相关信息；

（七）产品推广实施细则规定的其他要求。

## 第四章　资金使用范围和补助标准

**第十条**　补助资金主要用于高效节能产品推广补助和监督检查、标准标识、信息管理、宣传培训等推广工作经费。

**第十一条**　高效节能产品推广补助标准主要根据高效节能产品与同类普通产品成本差异的一定比例确定。具体标准在相应实施细则中明确。

**第十二条**　鼓励有条件的地方安排一定资金支持高效节能产品推广。

## 第五章　补助资金申报和下达

**第十三条**　推广企业在月度终了后,将上月高效节能产品实际推广情况汇总录入信息管理系统,并于10日内将推广情况及相关信息逐级上报财政部、国家发展改革委。

**第十四条**　地方财政部门、节能主管部门通过高效节能产品推广信息管理系统对本地区产品推广情况进行审核。

**第十五条**　财政部根据推广企业月度推广情况,预拨产品推广补助资金。各级财政部门按照财政国库管理制度等有关规定,将补助资金及时拨付给推广企业。

**第十六条**　年度终了后30日内,推广企业编制上年度补助资金清算报告,逐级上报财政部。财政部根据地方财政部门、节能主管部门审核结果和专项核查情况进行补助资金清算。

**第十七条**　财政部根据高效节能产品推广工作进展、资金需求等情况安排一定工作经费。

## 第六章　监督管理

**第十八条**　财政部、国家发展改革委组织对高效节能产品推广情况开展专项检查。地方财政部门、节能主管部门对高效节能产品推广情况进行日常核查。

**第十九条**　推广企业有下列情形之一的,财政部、国家发展改革委将视情节给予通报批评、扣减补助资金等处罚。情节严重的,由国家发展改革委、财政部取消企业高效节能产品推广资格:

(一) 提供虚假信息、骗取补助资金的;

(二) 推广产品的能源效率、质量性能指标不符合要求的;

(三) 年推广高效节能产品数量未达到规定规模的;

(四) 推广产品实际销售价格高于企业承诺推广价格减去财政补助的;

(五) 未按要求使用标识,或伪造、冒用标识,利用标识做虚假宣传,误导消费者的。

**第二十条**　对出具虚假报告和证明材料的相关机构,一经查实,予以公开曝光,并视情节追究其相应法律责任。

**第二十一条**　补助资金必须专款专用。任何单位不得以任何理由、任何形式截留、挪用。对违反规定的,按照《财政违法行为处罚处分条例》(国务院令第427号)等有关规定,依法追究有关单位和人员的责任。

## 第七章　附　则

**第二十二条**　本办法由财政部、国家发展改革委负责解释。

**第二十三条**　本办法自印发之日起实施。

# 重点用能单位节能管理办法
# （修订征求意见稿）

关于《重点用能单位节能管理办法（修订征求意见稿）》征求意见情况的通告

为加强重点用能单位节能管理工作，提高能源利用效率，实现"十三五"能源消费总量和强度"双控"目标，我委对《重点用能单位节能管理办法》进行了修订，形成征求意见稿，并于2016年10月18日至11月18日向社会公开征求意见。

征求意见期间，社会各界人士通过网上留言及信件方式提出了很多有价值的意见和建议，对进一步修改完善《办法》具有重要的借鉴意义。下一步，我们将对有关意见和建议进行认真研究，在修改完善征求意见稿时予以考虑。在此，对社会各界的关心和支持表示感谢！

2016年11月25日
国家发展和改革委员会

# 第一章 总 则

**第一条** 【目的和依据】

为加强重点用能单位的节能管理，提高能源利用效率，控制能源消费总量，促进生态文明建设，根据《中华人民共和国节约能源法》等有关法律、法规，制定本办法。

**第二条** 【定义】

本办法所称重点用能单位是指：（一）年综合能源消费总量一万吨标准煤及以上的用能单位；（二）国务院有关部门或者省、自治区、直辖市人民政府管理节能工作的部门指定的年综合能源消费总量五千吨以上不满一万吨标准煤的用能单位。各省、自治区、直辖市人民政府管理节能工作的部门可根据节能管理工作需要将一定用能规模以上的用能单位纳入重点用能单位管理范围，参照重点用能单位进行管理。能源消费的核算单位是法人单位。

注：依据《节约能源法》第五十二条，考虑实际情况制定。

**第三条** 【重点用能单位基本义务】

重点用能单位应当贯彻执行国家和地方有关节能的法律、法规、政策和标准，按照合理用能的原则，加强节能管理，降低能源消耗，接受所在地县级以上人民政府管理节能工作的部门的监督管理。

注：依据原《办法》第九条修订。

**第四条** 【职责分工】

国家发展和改革委员会负责全国重点用能单位的节能监督管理工作。各省、自治区、直辖市人民政府管理节能工作的部门负责本行政区域内重点用能单位的节能监督管理工作。

注：依据《节约能源法》第十条制定。

**第五条** 【管理原则】

国家对重点用能单位管理实行属地管理和分级管理相结合的原则。国家发展和改革委员会会同国家统计局定期公布年综合能源消费总量一万吨标准煤以上的重点用能单位名单。各省、自治区、直辖市人民政府管理节能工作的部门会同本级统计部门定期公布指定的年综合能源消费总量一万吨标准煤以下的重点用能单位和纳入重点用能单位管理的用能单位名单。各省、自治区、直辖市人民政府管理节能工作的部门对重点用能单位按年综合能源消费总量的大小实施分级管理，制定本行政区域内重点用能单位分级管理方案，并报国家发展和改革委员会备案。

注：参考《重点用能单位能源利用状况报告制度实施方案》（发改环资〔2008〕1390号），同时结合实际情况对原《办法》第五、六、七条修订。

**第六条** 【节能目标责任与考核】

国家对重点用能单位实行节能目标责任制和节能考核评价制度，将能源消费总量控制和能效目标分解到重点用能单位，开展节能目标责任评价考核工作。各省、自治区、直辖市人民政府管理节能工作的部门负责组织实施本行政区域内重点用能单位节能目标责任评价考核，并于每年4月底前将上一年度考核结果报国家发展和改革委员会。

注：依据《节约能源法》第六条修订。

**第七条** 【考核公告】

国家发展和改革委员会于每年6月底前向全社会公告上一年度年综合能源消费总量一万吨标准煤以上的重点用能单位节能考

核结果。各省、自治区、直辖市人民政府管理节能工作的部门于每年6月底前向全社会公告本行政区内上一年度年综合能源消费总量一万吨标准煤以下的重点用能单位节能考核结果。

注：参考《重点用能单位能源利用状况报告制度实施方案》（发改环资〔2008〕1390号）制定。

第八条　【能源绩效评价】

国家建立重点用能单位能源绩效评价制度，各级人民政府管理节能工作的部门负责开展能源绩效评价工作，引导重点用能单位持续提升能源绩效水平。

注：新增条款，依据国家"十三五"规划《纲要》提出的开展能源评审和绩效评价工作要求制定。

## 第二章　管理措施

第九条　【节能规划、年度节能计划】

重点用能单位应当至少每五年制定一次节能规划并报管理节能工作的部门备案，每年制定并实施节能计划和节能措施，确保完成节能目标。节能措施应当技术上可行、经济上合理。

注：依据《节约能源法》第二十四条修订。

第十条　【目标分解】

重点用能单位应当根据本地人民政府管理节能工作的部门下达的节能目标任务和要求，科学评估节能潜力，合理分解能源消费总量控制和能效目标，并落实到相应层级或岗位。重点用能单位应当建立节能目标责任制，定期组织内部考核，并将节能目标完成情况与奖惩挂钩。

注：新增条款，依据《节约能源法》第二十五条制定。

**第十一条　【能源管理体系】**

重点用能单位应当按照《能源管理体系要求》（GB/T 23331），建立健全能源管理体系并使之有效运行。县级以上人民政府管理节能工作的部门负责组织开展能源管理体系建设效果评价工作，鼓励重点用能单位开展能源管理体系认证。

注：新增条件，参考《关于加强万家企业能源管理体系建设工作的通知》（发改环资〔2012〕3787号）制定。

**第十二条　【节能管理机构与岗位】**

重点用能单位应当成立节能工作领导小组，负责人由单位主要领导担任。重点用能单位应当在具有节能专业知识、实际经验以及中级以上技术职称的人员中聘任能源管理负责人。重点用能单位应当设立能源管理岗位，聘任能够满足节能工作需要的能源管理人员。能源管理人员负责贯彻执行国家有关节约能源工作的法律、法规、政策和标准，加强日常节能管理，组织实施本单位内部能源审计、节能技术改造，开展能源计量和统计分析等。重点用能单位的能源管理负责人和能源管理人员应当接受政府管理节能工作的部门统一组织的培训。重点用能单位应当将节能工作领导小组、能源管理负责人、能源管理人员报管理节能工作的部门备案。

注：依据《节约能源法》第五十五条制定。

**第十三条　【能源审计】**

重点用能单位每个节能规划期内应当至少开展一次能源审计，并向政府管理节能工作的部门报送能源审计报告。各省、自治区、直辖市人民政府管理节能工作的部门对重点用能单位的能源审计报告进行审核。鼓励各级人民政府管理节能工作的部门对能源审计达到要求的重点用能单位给予一定的资金补助。

注：参考《关于印发万家企业节能低碳行动实施方案的通知》（发改环资〔2011〕2873号）等文件制定。

**第十四条　【能效对标】**

国家依托有关行业协会现有基础数据建立国家能效对标基础数据库，制定各行业能效对标方案并组织实施。鼓励各行业协会开展本行业内能效对标活动，组织本行业重点用能单位开展能效对标，对重点用能单位能效对标活动进行跟踪指导和评估，并提供技术支持。重点用能单位应当积极开展能效对标活动，持续提升能效水平，争当本行业能效"领跑者"。鼓励集团企业组织下属企业开展能效对标活动。

注：参考《重点耗能企业能效对标活动实施方案》（发改环资〔2007〕2429号）等制定。

**第十五条　【能源计量】**

重点用能单位应当按照《用能单位能源计量器具配备和管理通则》（GB17167），建立健全能源计量和管理制度，配备和使用经依法检定合格的能源计量器具。

注：依据《节约能源法》第二十七条。

**第十六条　【能源统计】**

重点用能单位应当建立能源消费统计制度，指定专人负责能源统计，建立健全原始记录和统计台帐，并保存五年以上，确保能源统计数据真实、完整、及时、准确。

注：依据《节约能源法》第二十七条修订。

**第十七条　【能耗在线监测】**

重点用能单位应当结合现有能源管理信息化平台，积极配合政府管理节能工作的部门建设能耗在线监测系统，提升能源管理信息化水平。

注：新增条款，参考《中共中央国务院关于加快推进生态文明建设的意见》（中发〔2015〕12号）第二十七条制定。

**第十八条　【能源利用状况报告】**

重点用能单位应当指定专人负责能源利用状况报告填报工作，并于每年4月底前向政府管理节能工作的部门报送上一年度的能源利用状况报告。能源利用状况报告应当包括能源消费情况、能源利用效率、节能目标完成情况和节能效益分析、节能措施等内容。各级人民政府管理节能工作的部门负责对重点用能单位报送的上一年度能源利用状况报告进行逐级审查，对数据质量存在问题的重点用能单位作为本年度节能监察重点对象。

各省、自治区、直辖市人民政府管理节能工作的部门应于每年6月底前将审查后的年综合能源消费总量一万吨标准煤以上的重点用能单位能源利用状况报告及审查情况报送国家发展和改革委员会。国家将重点用能单位能源利用状况报告的审查和报送情况纳入省级人民政府节能目标责任评价考核范围，并进行通报。

注：依据《节约能源法》第二十七条、参考《重点用能单位能源利用状况报告制度实施方案》（发改环资〔2008〕1390号）制定。

**第十九条　【节能技术装备】**

重点用能单位应当执行单位产品能耗限额标准和强制性能源效率标准，优先采用国家和地方重点节能低碳技术推广目录中的节能8技术、生产工艺和用能设备，主动淘汰落后的和国家明令禁止使用的用能产品、设备和生产工艺。重点用能单位应当每年安排一定数量资金用于节能技术研发、节能技术改造和节能技术培训等。鼓励重点用能单位开展产学研合作，加强节能技术研发与应用交流合作。鼓励重点用能单位采用合同能源管理模式运用先进节能技术实施节能改造。

注：依据《节约能源法》第十六条、原《办法》第十二条等修订。

第二十条　【节能评估】

重点用能单位应当严格执行固定资产投资项目节能评估和审查制度，认真做好新、改、扩建固定资产投资项目的节能评估工作。

注：新增条款，依据《节约能源法》第十五条制定。

第二十一条　【奖惩制度】

重点用能单位应当制定节能奖励和惩罚制度，每年安排一定数量的节能奖励资金，对节能工作中取得突出成绩的集体和个人给予表彰和奖励，对浪费能源的集体和个人给予惩罚。

注：依据原《办法》第二十条修订。

## 第三章　激励措施

第二十二条　【政府奖励】

各级人民政府管理节能工作的部门对在节能工作中取得显著成绩的重点用能单位和个人给予表彰和奖励，并联合有关部门给予守信激励。

注：依据《节约能源法》第六十条、六十七条修订。

第二十三条　【财政支持】

各级人民政府管理节能工作的部门应当推动和引导社会有关方面加大对节能的资金投入，通过各种渠道筹措资金，支持重点用能单位开展节能技术研究开发、节能技术和产品的示范与推广、节能改造项目实施、节能管理能力建设、节能宣传培训等。

注：依据《节约能源法》第六十条、六十五条修订。

**第二十四条** 【金融支持】

国家引导金融机构增加对节能项目的信贷支持,为符合条件的节能技术研究开发、节能产品生产以及节能技术改造等项目提供优惠贷款。鼓励重点用能单位通过发行绿色债券、上市融资等方式筹措资金,实施能效提升项目。鼓励和引导社会有关方面资金通过成立产业投资基金等方式投资重点用能单位的节能改造。

注:新增条款,依据《节约能源法》第六十五条、参考《国家发展改革委办公厅关于印发〈绿色债券发行指引〉的通知》(发改办财金〔2015〕3504号)制定。

**第二十五条** 【税收优惠】

重点用能单位从事符合条件的节能项目的所得,根据有关规定予以免征、减征企业所得税。重点用能单位购置节能专用设备的投资额,根据有关规定按一定比例抵免企业所得税。重点用能单位进口规定范围内的节能设备,根据有关规定免征关税和进口环节增值税。

注:新增条款,依据《节约能源法》第六十三条、《中华人民共和国企业所得税法》,结合《企业所得税优惠政策事项办理办法》、《关于调整重大技术装备进口税收政策有关目录及规定的通知》(财关税〔2015〕51号)等文件制定。

**第二十六条** 【价格激励】

国家实行有利于节能的价格政策,支持重点用能单位实施电力需求侧管理、合同能源管理、节能自愿协议等节能办法。鼓励重点用能单位根据峰谷分时电价、季节性电价、可中断负荷电价制度合理调整用电负荷。对高耗能行业的重点用能单位,分淘汰、限制、允许和鼓励类实行差别电价政策。

注:依据《节约能源法》第六十六条制定。

第二十七条 【技术推广】

国家制定重点节能技术推广目录，对重点用能单位研发的节能降碳效果显著、技术先进、经济适用、有成功实施案例的技术加大宣传推广力度。重点用能单位生产的取得节能产品认证证书的产品、设备优先列入政府采购名录。

注：新增条款，依据《节约能源法》第六十四条，结合《节能低碳技术推广管理暂行办法》（发改环资〔2014〕19号）制定。

第二十八条 【能效领跑激励】

国家实施能效"领跑者"制度，鼓励重点用能单位成为行业能效"领跑者"。对入围能效"领跑者"名单的重点用能单位，国家优先支持其开展节能技术改造、能源管理信息化建设等能效提升工作，广泛宣传推广先进经验，带动行业能效水平整体提升。

注：新增条款，参考《关于印发能效"领跑者"制度实施方案的通知》（发改环资〔2014〕3001号）、《高耗能行业能效"领跑者"制度实施细则》制定。

## 第四章 法律责任

第二十九条 【节能目标责任与考核】

节能考核结果为未完成等级的重点用能单位，应当在考核结果确定后一个月内提出整改措施，上报管理节能工作的部门，限期整改。

第三十条 【节能管理】

对节能管理制度不健全、节能措施不落实、能源利用效率低的重点用能单位，管理节能工作的部门应当开展现场调查，组织实施用能设备能源效率检测，责令实施能源审计，并提出书面整改要求，限期整改。重点用能单位无正当理由拒不落实整改要求或者整改没有达到要求的,由管理节能工作的部门处十万元以上三十万元以下罚款。

注:依据《节约能源法》第五十四条、八十三条。

**第三十一条** 【能源管理岗位】

重点用能单位未按照本办法规定设立能源管理岗位,指定相应的能源管理负责人并报管理节能工作的部门和有关部门备案的,由管理节能工作的部门责令改正;拒不改正的,处一万元以上三万元以下罚款。

注:依据《节约能源法》第八十四条。

**第三十二条** 【能源计量】

重点用能单位未按规定配备、使用能源计量器具的,按照《节约能源法》第七十四条有关规定予以处理。

注:依据《节约能源法》第七十四条。

**第三十三条** 【能源统计】

重点用能单位未按规定建立能源消费统计制度,或者瞒报、伪造、篡改能源统计资料,或者编造虚假能源统计数据的,按照《中华人民共和国统计法》及有关规定予以处理。

注:引用《统计法》原文规定。

**第三十四条** 【能耗在线监测】

重点用能单位拒不配合能耗在线监测系统建设和能耗在线监测工作的,由管理节能工作的部门以书面形式责令限期整改;逾期不整改的或者没有达到整改要求的,由管理节能工作的部门处一万元以上三万元以下罚款。

注:新增条款。

**第三十五条** 【能源利用状况报告】

重点用能单位未按照本办法规定报送能源利用状况报告或者

报告内容不实的,由管理节能工作的部门责令限期改正;逾期不改正的,处一万元以上五万元以下罚款。

注:依据《节约能源法》第八十二条。

**第三十六条** 【能耗限额】

重点用能单位超过单位产品能耗限额标准用能,限期治理,逾期不治理或者没有达到治理要求的,由管理节能工作的部门提请执行惩罚性电价;情节严重,经限期治理,逾期不治理或者没有达到治理要求的,由管理节能工作的部门报请本级人民政府按照国务院规定的权限责令停业整顿或者关闭。

注:依据《节约能源法》第七十二条。

**第三十七条** 【淘汰落后】

重点用能单位不按期淘汰落后生产工艺、用能设备和产品的,由管理节能工作的部门责令停止使用,没收国家明令淘汰的用能设备,并处五万元以上二十万元以下罚款;情节严重的,由管理节能工作的部门报请本级人民政府按照国务院规定的权限责令停业整顿或者关闭。

注:依据《节约能源法》第七十一条规定,参照《循环经济法》第五十条规定处罚。

**第三十八条** 【节能评估】

重点用能单位建设需经节能评估和审查的项目存在以下情况的,依据有关规定予以处罚:

(一)未按规定进行节能评估和审查,或节能审查未获通过,擅自开工建设或擅自投入生产、使用的;

(二)以拆分项目、提供虚假材料等不正当手段通过节能审查的;

(三)未落实节能评估文件和节能审查意见要求的。

注:依据《节约能源法》第六十八条、参考《固定资产投资

项目节能评估和审查办法》（修订征求意见稿）修订。

**第三十九条**　【失信惩戒】

国家发展改革委对违反本办法规定的行为建立信用记录，纳入全国信用信息共享平台，在信用中国网站向社会公开。注：新增条款。

**第四十条**　【政府工作人员违规】

国家工作人员在节能管理工作中有违法违规行为的，重点用能单位有权向本级人民政府管理管理节能工作的部门或者上一级管理节能工作的部门投诉。国家工作人员滥用职权、玩忽职守、徇私舞弊，有下列情形之一的，由有管理权限的机构依法给予处分；构成犯罪的，依法追究刑事责任：

（一）泄露重点用能单位的技术及商业秘密的；

（二）利用职务之便非法谋取利益的；

（三）实施节能监察时向被监察单位收费或者变相收费的；

（四）有其他违法违规行为并造成较为严重后果的。

注：依据《节约能源法》第八十六条、《节能监察办法》第二十五条修订。

## 第五章　附　则

**第四十一条**　【解释权】

本办法由国家发展和改革委员会负责解释。

**第四十二条**　【生效日期及废止条款】

本办法自 XX 日起施行。原国家经贸委 1999 年 3 月 10 日颁布的《重点用能单位节能管理办法》（中华人民共和国经济贸易委员会第 7 号令发布）同时废止。

# 固定资产投资项目节能审查办法

## 固定资产投资项目节能审查办法

中华人民共和国国家发展和改革委员会令

第 44 号

《固定资产投资项目节能审查办法》已经国家发展和改革委员会主任办公会审议通过,现予发布,自 2017 年 1 月 1 日起施行。2010 年 9 月 17 日颁布的《固定资产投资项目节能评估和审查暂行办法》(国家发展和改革委员会令第 6 号)同时废止。

国家发展和改革委员会主任

2016 年 11 月 27 日

第一条 为促进固定资产投资项目科学合理利用能源,从源头上杜绝能源浪费,提高能源利用效率,加强能源消费总量管理,根据《中华人民共和国节约能源法》、《中华人民共和国行政许可法》、《公共机构节能条例》，制定本办法。

**第二条** 本办法适用于各级人民政府投资主管部门管理的在我国境内建设的固定资产投资项目。本办法所称节能审查，是指根据节能法律法规、政策标准等，对项目节能情况进行审查并形成审查意见的行为。

**第三条** 固定资产投资项目节能审查意见是项目开工建设、竣工验收和运营管理的重要依据。政府投资项目，建设单位在报送项目可行性研究报告前，需取得节能审查机关出具的节能审查意见。企业投资项目，建设单位需在开工建设前取得节能审查机关出具的节能审查意见。未按本办法规定进行节能审查，或节能审查未通过的项目，建设单位不得开工建设，已经建成的不得投入生产、使用。

**第四条** 国家发展改革委负责制定节能审查的相关管理办法，组织编制技术标准、规范和指南，开展业务培训，依据各地能源消耗总量和强度目标完成情况，对各地新上重大高耗能项目的节能审查工作进行督导。

**第五条** 固定资产投资项目节能审查由地方节能审查机关负责。

国家发展改革委核报国务院审批以及国家发展改革委审批的政府投资项目，建设单位在报送项目可行性研究报告前，需取得省级节能审查机关出具的节能审查意见。国家发展改革委核报国务院核准以及国家发展改革委核准的企业投资项目，建设单位需在开工建设前取得省级节能审查机关出具的节能审查意见。

年综合能源消费量5000吨标准煤以上（改扩建项目按照建成投产后年综合能源消费增量计算，电力折算系数按当量值，下同）的固定资产投资项目，其节能审查由省级节能审查机关负责。

其他固定资产投资项目，其节能审查管理权限由省级节能审查机关依据实际情况自行决定。

**第六条** 年综合能源消费量不满1000吨标准煤，且年电力消费量不满500万千瓦时的固定资产投资项目，以及用能工艺简单、节能潜力小的行业（具体行业目录由国家发展改革委制定并公布）的固定资产投资项目应按照相关节能标准、规范建设，不再单独进行节能审查。

**第七条** 建设单位应编制固定资产投资项目节能报告。项目节能报告应包括下列内容：分析评价依据；项目建设方案的节能分析和比选，包括总平面布置、生产工艺、用能工艺、用能设备和能源计量器具等方面；选取节能效果好、技术经济可行的节能技术和管理措施；项目能源消费量、能源消费结构、能源效率等方面的分析；对所在地完成能源消耗总量和强度目标、煤炭消费减量替代目标的影响等方面的分析评价。

**第八条** 节能审查机关受理节能报告后，应委托有关机构进行评审，形成评审意见，作为节能审查的重要依据。节能审查应依据项目是否符合节能有关法律法规、标准规范、政策；项目用能分析是否客观准确，方法是否科学，结论是否准确；节能措施是否合理可行；项目的能源消费量和能效水平是否满足本地区能源消耗总量和强度"双控"管理要求等对项目节能报告进行审查。

**第九条** 节能审查机关应在法律规定的时限内出具节能审查意见。节能审查意见自印发之日起2年内有效。

通过节能审查的固定资产投资项目，建设内容、能效水平等发生重大变动的,建设单位应向节能审查机关提出变更申请。

**第十条** 固定资产投资项目投入生产、使用前,应对其节能审查意见落实情况进行验收。

**第十一条** 固定资产投资项目节能审查应纳入投资项目在线审批监管平台统一管理,实行网上受理、办理、监管和服务,实现审查过程和结果的可查询、可监督。

**第十二条** 节能审查机关应加强节能审查信息的统计分析,强化事中事后监管,对节能审查意见落实情况进行监督检查。省级节能审查机关应按季度向国家发展改革委报送本地区节能审查实施情况。

国家发展改革委实施全国节能审查信息动态监管,对各地节能审查实施情况进行定期巡查,对重大项目节能审查意见落实情况进行不定期抽查,对违法违规问题进行公开,并依法给予行政处罚。

**第十三条** 对未按本办法规定进行节能审查,或节能审查未获通过,擅自开工建设或擅自投入生产、使用的固定资产投资项目,由节能审查机关责令停止建设或停止生产、使用,限期改造;不能改造或逾期不改造的生产性项目,由节能审查机关报请本级人民政府按照国务院规定的权限责令关闭;并依法追究有关责任人的责任。以拆分项目、提供虚假材料等不正当手段通过节能审查的固定资产投资项目,由节能审查机关撤销项目的节能审查意见。未落实节能审查意见要求的固定资产投资项目,节能审查机关责令建设单位限期整改。不能改正或逾期不改正的,节能审查机关按照法律法规的有关规定进行处罚。

负责审批政府投资项目的工作人员,对未进行节能审查或节能审查未获通过的项目,违反本办法规定予以批准的,依法给予处分。

**第十四条** 节能审查机关对建设单位、中介机构等的违法违规信息进行记录，将违法违规信息纳入全国信用信息共享平台和投资项目审批监管平台，在"信用中国"网站向社会公开。

**第十五条** 固定资产投资项目节能评审、业务培训、监督检查，以及标准指南编制等工作经费，按照国家有关规定纳入部门预算，并按照规定程序向同级财政部门申请。

**第十六条** 省级节能审查机关可根据《中华人民共和国节约能源法》和本办法，制定具体实施办法。

**第十七条** 本办法由国家发展和改革委员会负责解释。

**第十八条** 本办法自2017年1月1日起施行。原《固定资产投资项目节能评估和审查暂行办法》（国家发展和改革委员会令第6号）同时废止。

**全国普法学习读本**

★★★★★

>>>>> 可再生能源法律法规学习读本 <<<<<

# 可再生能源综合法律法规

加大全民普法力度，建设社会主义法治文化，树立宪法法律至上、法律面前人人平等的法治理念。
—— 中国共产党第十九次全国代表大会《决胜全面建成小康社会 夺取新时代中国特色社会主义伟大胜利》

王金锋　主编

汕头大学出版社

## 图书在版编目（CIP）数据

可再生能源综合法律法规／王金锋主编．－－汕头：汕头大学出版社（2021.7重印）

（可再生能源法律法规学习读本）

ISBN 978-7-5658-3513-1

Ⅰ.①可… Ⅱ.①王… Ⅲ.①再生能源-能源法-中国-学习参考资料 Ⅳ.①D922.674

中国版本图书馆 CIP 数据核字（2018）第 034926 号

---

可再生能源综合法律法规 KEZAISHENG NENGYUAN ZONGHE FALÜ FAGUI

| | |
|---|---|
| 主　　编： | 王金锋 |
| 责任编辑： | 邹　峰 |
| 责任技编： | 黄东生 |
| 封面设计： | 大华文苑 |
| 出版发行： | 汕头大学出版社 |
| | 广东省汕头市大学路 243 号汕头大学校园内　邮政编码：515063 |
| 电　　话： | 0754-82904613 |
| 印　　刷： | 三河市南阳印刷有限公司 |
| 开　　本： | 690mm×960mm 1/16 |
| 印　　张： | 18 |
| 字　　数： | 226 千字 |
| 版　　次： | 2018 年 5 月第 1 版 |
| 印　　次： | 2021 年 7 月第 2 次印刷 |
| 定　　价： | 59.60 元（全 2 册） |

ISBN 978-7-5658-3513-1

版权所有，翻版必究

如发现印装质量问题，请与承印厂联系退换

# 前　言

习近平总书记指出："推进全民守法，必须着力增强全民法治观念。要坚持把全民普法和守法作为依法治国的长期基础性工作，采取有力措施加强法制宣传教育。要坚持法治教育从娃娃抓起，把法治教育纳入国民教育体系和精神文明创建内容，由易到难、循序渐进不断增强青少年的规则意识。要健全公民和组织守法信用记录，完善守法诚信褒奖机制和违法失信行为惩戒机制，形成守法光荣、违法可耻的社会氛围，使遵法守法成为全体人民共同追求和自觉行动。"

中共中央、国务院曾经转发了中央宣传部、司法部关于在公民中开展法治宣传教育的规划，并发出通知，要求各地区各部门结合实际认真贯彻执行。通知指出，全民普法和守法是依法治国的长期基础性工作。深入开展法治宣传教育，是全面建成小康社会和新农村的重要保障。

普法规划指出：各地区各部门要根据实际需要，从不同群体的特点出发，因地制宜开展有特色的法治宣传教育坚持集中法治宣传教育与经常性法治宣传教育相结合，深化法律进机关、进乡村、进社区、进学校、进企业、进单位的"法律六进"主题活动，完善工作标准，建立长效机制。

特别是农业、农村和农民问题，始终是关系党和人民事业发展的全局性和根本性问题。党中央、国务院发布的《关于推进社会主义新农村建设的若干意见》中明确提出要"加强农村法制建设，深入开展农村普法教育，增强农民的法制观念，提高农民依法行使权利和履行义务的自觉性。"多年普法实践证明，普及法律知识，提高法制观念，增强全社会依法办事意识具有重要作用。特别是在广大农村进行普法教育，是提高全民法律素质的需要。

多年来，我国在农村实行的改革开放取得了极大成功，农村发生了翻天覆地的变化，广大农民生活水平大大得到了提高。但是，由于历史和社会等原因，现阶段我国一些地区农民文化素质还不高，不学法、不懂法、不守法现象虽然较原来有所改变，但仍有相当一部分群众的法制观念仍很淡化，不懂、不愿借助法律来保护自身权益，这就极易受到不法的侵害，或极易进行违法犯罪活动，严重阻碍了全面建成小康社会和新农村步伐。

为此，根据党和政府的指示精神以及普法规划，特别是根据广大农村农民的现状，在有关部门和专家的指导下，特别编辑了这套《全国普法学习读本》。主要包括了广大人民群众应知应懂、实际实用的法律法规。为了辅导学习，附录还收入了相应法律法规的条例准则、实施细则、解读解答、案例分析等；同时为了突出法律法规的实际实用特点，兼顾地方性和特殊性，附录还收入了部分某些地方性法律法规以及非法律法规的政策文件、管理制度、应用表格等内容，拓展了本书的知识范围，使法律法规更"接地气"，便于读者学习掌握和实际应用。

在众多法律法规中，我们通过甄别，淘汰了废止的，精选了最新的、权威的和全面的。但有部分法律法规有些条款不适应当下情况了，却没有颁布新的，我们又不能擅自改动，只得保留原有条款，但附录却有相应的补充修改意见或通知等。众多法律法规根据不同内容和受众特点，经过归类组合，优化配套。整套普法读本非常全面系统，具有很强的学习性、实用性和指导性，非常适合用于广大农村和城乡普法学习教育与实践指导。总之，是全国全民普法的良好读本。

# 目 录

## 中华人民共和国可再生能源法

第一章　总　则 …………………………………………（2）
第二章　资源调查与发展规划 …………………………（3）
第三章　产业指导与技术支持 …………………………（4）
第四章　推广与应用 ……………………………………（5）
第五章　价格管理与费用补偿 …………………………（7）
第六章　经济激励与监督措施 …………………………（8）
第七章　法律责任 ………………………………………（9）
第八章　附　则 …………………………………………（10）

附　录

可再生能源中长期发展规划 ………………………（11）
可再生能源发展专项资金管理暂行办法 …………（42）
可再生能源发展基金征收使用管理暂行办法 ……（48）
可再生能源建筑应用示范市县验收评估办法 ……（54）
城市污水再生利用技术政策 ………………………（59）
关于加快推进再生资源产业发展的指导意见 ……（70）
关于推进再生资源回收行业转型升级的意见 ……（81）
关于进一步推进可再生能源建筑应用的通知 ……（87）
财政部、建设部关于加强可再生能源建筑应用
　　示范管理的通知 ………………………………（93）

铅蓄电池生产及再生污染防治技术政策 …………… (99)

关于加强铅蓄电池及再生铅行业污染防治工作的通知…… (105)

## 可再生能源发电有关管理规定

第一章　总　则 …………………………………… (111)

第二章　项目管理 ………………………………… (112)

第三章　电网企业责任 …………………………… (113)

第四章　发电企业责任 …………………………… (114)

第五章　附　则 …………………………………… (114)

附　录

可再生能源发电价格和费用分摊管理试行办法 ……… (116)

可再生能源发电全额保障性收购管理办法 …………… (121)

电网企业全额收购可再生能源电量监管办法 ………… (129)

可再生能源发电工程质量监督体系方案 ……………… (135)

# 中华人民共和国可再生能源法

中华人民共和国主席令
第二十三号

《全国人民代表大会常务委员会关于修改〈中华人民共和国可再生能源法〉的决定》已由中华人民共和国第十一届全国人民代表大会常务委员会第十二次会议于2009年12月26日通过，现予公布，自2010年4月1日起施行。

中华人民共和国主席　胡锦涛
2009年12月26日

（2005年2月28日第十届全国人民代表大会常务委员会第十四次会议通过；根据2009年12月26日第十一届全国人民代表大会常务委员会第十二次会议《关于修改〈中华人民共和国可再生能源法〉的决定》修正）

## 第一章 总 则

**第一条** 为了促进可再生能源的开发利用,增加能源供应,改善能源结构,保障能源安全,保护环境,实现经济社会的可持续发展,制定本法。

**第二条** 本法所称可再生能源,是指风能、太阳能、水能、生物质能、地热能、海洋能等非化石能源。

水力发电对本法的适用,由国务院能源主管部门规定,报国务院批准。

通过低效率炉灶直接燃烧方式利用秸秆、薪柴、粪便等,不适用本法。

**第三条** 本法适用于中华人民共和国领域和管辖的其他海域。

**第四条** 国家将可再生能源的开发利用列为能源发展的优先领域,通过制定可再生能源开发利用总量目标和采取相应措施,推动可再生能源市场的建立和发展。

国家鼓励各种所有制经济主体参与可再生能源的开发利用,依法保护可再生能源开发利用者的合法权益。

**第五条** 国务院能源主管部门对全国可再生能源的开发利用实施统一管理。国务院有关部门在各自的职责范围内负责有关的可再生能源开发利用管理工作。

县级以上地方人民政府管理能源工作的部门负责本行政区域内可再生能源开发利用的管理工作。县级以上地方人民政府有关部门在各自的职责范围内负责有关的可再生能源开发利用管理工作。

## 第二章　资源调查与发展规划

**第六条**　国务院能源主管部门负责组织和协调全国可再生能源资源的调查，并会同国务院有关部门组织制定资源调查的技术规范。

国务院有关部门在各自的职责范围内负责相关可再生能源资源的调查，调查结果报国务院能源主管部门汇总。

可再生能源资源的调查结果应当公布；但是，国家规定需要保密的内容除外。

**第七条**　国务院能源主管部门根据全国能源需求与可再生能源资源实际状况，制定全国可再生能源开发利用中长期总量目标，报国务院批准后执行，并予公布。

国务院能源主管部门根据前款规定的总量目标和省、自治区、直辖市经济发展与可再生能源资源实际状况，会同省、自治区、直辖市人民政府确定各行政区域可再生能源开发利用中长期目标，并予公布。

**第八条**　国务院能源主管部门会同国务院有关部门，根据全国可再生能源开发利用中长期总量目标和可再生能源技术发展状况，编制全国可再生能源开发利用规划，报国务院批准后实施。

国务院有关部门应当制定有利于促进全国可再生能源开发利用中长期总量目标实现的相关规划。

省、自治区、直辖市人民政府管理能源工作的部门会同本级人民政府有关部门，依据全国可再生能源开发利用规划和本行政区域可再生能源开发利用中长期目标，编制本行政区域可再生能源开发利用规划,经本级人民政府批准后,报国务院能源主管部门和国家电力监管机构备案,并组织实施。

经批准的规划应当公布;但是,国家规定需要保密的内容除外。

经批准的规划需要修改的,须经原批准机关批准。

**第九条** 编制可再生能源开发利用规划,应当遵循因地制宜、统筹兼顾、合理布局、有序发展的原则,对风能、太阳能、水能、生物质能、地热能、海洋能等可再生能源的开发利用作出统筹安排。规划内容应当包括发展目标、主要任务、区域布局、重点项目、实施进度、配套电网建设、服务体系和保障措施等。

组织编制机关应当征求有关单位、专家和公众的意见,进行科学论证。

## 第三章 产业指导与技术支持

**第十条** 国务院能源主管部门根据全国可再生能源开发利用规划,制定、公布可再生能源产业发展指导目录。

**第十一条** 国务院标准化行政主管部门应当制定、公布国家可再生能源电力的并网技术标准和其他需要在全国范围内统一技术要求的有关可再生能源技术和产品的国家标准。

对前款规定的国家标准中未作规定的技术要求,国务院有关部门可以制定相关的行业标准,并报国务院标准化行政主管部门备案。

**第十二条** 国家将可再生能源开发利用的科学技术研究和产业化发展列为科技发展与高技术产业发展的优先领域,纳入国家科技发展规划和高技术产业发展规划，并安排资金支持可再生能源开发利用的科学技术研究、应用示范和产业化发展，促进可再生能源开发利用的技术进步，降低可再生能源产品的生产成本，提高产品质量。

国务院教育行政部门应当将可再生能源知识和技术纳入普通教育、职业教育课程。

## 第四章　推广与应用

**第十三条**　国家鼓励和支持可再生能源并网发电。

建设可再生能源并网发电项目，应当依照法律和国务院的规定取得行政许可或者报送备案。

建设应当取得行政许可的可再生能源并网发电项目，有多人申请同一项目许可的，应当依法通过招标确定被许可人。

**第十四条**　国家实行可再生能源发电全额保障性收购制度。

国务院能源主管部门会同国家电力监管机构和国务院财政部门，按照全国可再生能源开发利用规划，确定在规划期内应当达到的可再生能源发电量占全部发电量的比重，制定电网企业优先调度和全额收购可再生能源发电的具体办法，并由国务院能源主管部门会同国家电力监管机构在年度中督促落实。

电网企业应当与按照可再生能源开发利用规划建设，依法取得行政许可或者报送备案的可再生能源发电企业签订并网协议，全额收购其电网覆盖范围内符合并网技术标准的可再生能源并网发电项目的上网电量。发电企业有义务配合电网企业保障电网安全。

电网企业应当加强电网建设，扩大可再生能源电力配置范围，发展和应用智能电网、储能等技术，完善电网运行管理，提高吸纳可再生能源电力的能力，为可再生能源发电提供上网服务。

第十五条 国家扶持在电网未覆盖的地区建设可再生能源独立电力系统，为当地生产和生活提供电力服务。

第十六条 国家鼓励清洁、高效地开发利用生物质燃料，鼓励发展能源作物。

利用生物质资源生产的燃气和热力，符合城市燃气管网、热力管网的入网技术标准的，经营燃气管网、热力管网的企业应当接收其入网。

国家鼓励生产和利用生物液体燃料。石油销售企业应当按照国务院能源主管部门或者省级人民政府的规定，将符合国家标准的生物液体燃料纳入其燃料销售体系。

第十七条 国家鼓励单位和个人安装和使用太阳能热水系统、太阳能供热采暖和制冷系统、太阳能光伏发电系统等太阳能利用系统。

国务院建设行政主管部门会同国务院有关部门制定太阳能利用系统与建筑结合的技术经济政策和技术规范。

房地产开发企业应当根据前款规定的技术规范，在建筑物的设计和施工中，为太阳能利用提供必备条件。

对已建成的建筑物，住户可以在不影响其质量与安全的前提下安装符合技术规范和产品标准的太阳能利用系统；但是，当事人另有约定的除外。

第十八条 国家鼓励和支持农村地区的可再生能源开发利用。

县级以上地方人民政府管理能源工作的部门会同有关部门，

根据当地经济社会发展、生态保护和卫生综合治理需要等实际情况，制定农村地区可再生能源发展规划，因地制宜地推广应用沼气等生物质资源转化、户用太阳能、小型风能、小型水能等技术。

县级以上人民政府应当对农村地区的可再生能源利用项目提供财政支持。

## 第五章 价格管理与费用补偿

**第十九条** 可再生能源发电项目的上网电价，由国务院价格主管部门根据不同类型可再生能源发电的特点和不同地区的情况，按照有利于促进可再生能源开发利用和经济合理的原则确定，并根据可再生能源开发利用技术的发展适时调整。上网电价应当公布。

依照本法第十三条第三款规定实行招标的可再生能源发电项目的上网电价，按照中标确定的价格执行；但是，不得高于依照前款规定确定的同类可再生能源发电项目的上网电价水平。

**第二十条** 电网企业依照本法第十九条规定确定的上网电价收购可再生能源电量所发生的费用，高于按照常规能源发电平均上网电价计算所发生费用之间的差额，由在全国范围对销售电量征收可再生能源电价附加补偿。

**第二十一条** 电网企业为收购可再生能源电量而支付的合理的接网费用以及其他合理的相关费用，可以计入电网企业输电成本，并从销售电价中回收。

**第二十二条** 国家投资或者补贴建设的公共可再生能源独立电力系统的销售电价，执行同一地区分类销售电价，其合理的运行和管理费用超出销售电价的部分，依照本法第二十条的规定补偿。

第二十三条　进入城市管网的可再生能源热力和燃气的价格，按照有利于促进可再生能源开发利用和经济合理的原则，根据价格管理权限确定。

## 第六章　经济激励与监督措施

第二十四条　国家财政设立可再生能源发展基金，资金来源包括国家财政年度安排的专项资金和依法征收的可再生能源电价附加收入等。

可再生能源发展基金用于补偿本法第二十条、第二十二条规定的差额费用，并用于支持以下事项：

（一）可再生能源开发利用的科学技术研究、标准制定和示范工程；

（二）农村、牧区的可再生能源利用项目；

（三）偏远地区和海岛可再生能源独立电力系统建设；

（四）可再生能源的资源勘查、评价和相关信息系统建设；

（五）促进可再生能源开发利用设备的本地化生产。

本法第二十一条规定的接网费用以及其他相关费用，电网企业不能通过销售电价回收的，可以申请可再生能源发展基金补助。

可再生能源发展基金征收使用管理的具体办法，由国务院财政部门会同国务院能源、价格主管部门制定。

第二十五条　对列入国家可再生能源产业发展指导目录、符合信贷条件的可再生能源开发利用项目，金融机构可以提供有财政贴息的优惠贷款。

第二十六条　国家对列入可再生能源产业发展指导目录的项目给予税收优惠。具体办法由国务院规定。

第二十七条　电力企业应当真实、完整地记载和保存可再生能源发电的有关资料，并接受电力监管机构的检查和监督。

电力监管机构进行检查时，应当依照规定的程序进行，并为被检查单位保守商业秘密和其他秘密。

## 第七章　法律责任

第二十八条　国务院能源主管部门和县级以上地方人民政府管理能源工作的部门和其他有关部门在可再生能源开发利用监督管理工作中，违反本法规定，有下列行为之一的，由本级人民政府或者上级人民政府有关部门责令改正，对负有责任的主管人员和其他直接责任人员依法给予行政处分；构成犯罪的，依法追究刑事责任：

（一）不依法作出行政许可决定的；
（二）发现违法行为不予查处的；
（三）有不依法履行监督管理职责的其他行为的。

第二十九条　违反本法第十四条规定，电网企业未按照规定完成收购可再生能源电量，造成可再生能源发电企业经济损失的，应当承担赔偿责任，并由国家电力监管机构责令限期改正；拒不改正的，处以可再生能源发电企业经济损失额一倍以下的罚款。

第三十条　违反本法第十六条第二款规定，经营燃气管网、热力管网的企业不准许符合入网技术标准的燃气、热力入网，造成燃气、热力生产企业经济损失的，应当承担赔偿责任，并由省级人民政府管理能源工作的部门责令限期改正；拒不改正的，处以燃气、热力生产企业经济损失额一倍以下的罚款。

第三十一条　违反本法第十六条第三款规定，石油销售企业未按照规定将符合国家标准的生物液体燃料纳入其燃料销售体系，造成生物液体燃料生产企业经济损失的，应当承担赔偿责任，并由国务院能源主管部门或者省级人民政府管理能源工作的部门责令限期改正；拒不改正的，处以生物液体燃料生产企业经济损失额一倍以下的罚款。

## 第八章　附　则

第三十二条　本法中下列用语的含义：

（一）生物质能，是指利用自然界的植物、粪便以及城乡有机废物转化成的能源。

（二）可再生能源独立电力系统，是指不与电网连接的单独运行的可再生能源电力系统。

（三）能源作物，是指经专门种植，用以提供能源原料的草本和木本植物。

（四）生物液体燃料，是指利用生物质资源生产的甲醇、乙醇和生物柴油等液体燃料。

第三十三条　本法自2006年1月1日起施行。

# 附 录

## 可再生能源中长期发展规划

国家发展改革委关于印发可再生
能源中长期发展规划的通知
发改能源〔2007〕2174号

各省、自治区、直辖市及新疆生产建设兵团发展改革委、经贸委（经委）：

为了贯彻落实《可再生能源法》，合理开发利用可再生能源资源，促进能源资源节约和环境保护，应对全球气候变化，我委组织制定了《可再生能源中长期发展规划》，并已经国务院审议通过，现印发你们，请按照执行。

中华人民共和国国家发展和改革委员会
二〇〇七年八月三十一日

能源是经济和社会发展的重要物质基础。工业革命以来，世界能源消费剧增，煤炭、石油、天然气等化石能源资源消耗迅速，生态环境不断恶化，特别是温室气体排放导致日益严峻的全球气候变化，人类社会的可持续发展受到严重威胁。目前，我国已成为世界能源生产和消费大国，但人均能源消费水平还很低。随着经济和社会的不断发展，我国能源需求将持续增长。增加能源供应、保障能源安全、保护生态环境、促进经济和社会的可持续发展，是我国经济和社会发展的一项重大战略任务。

可再生能源包括水能、生物质能、风能、太阳能、地热能和海洋能等，资源潜力大，环境污染低，可永续利用，是有利于人与自然和谐发展的重要能源。上世纪70年代以来，可持续发展思想逐步成为国际社会共识，可再生能源开发利用受到世界各国高度重视，许多国家将开发利用可再生能源作为能源战略的重要组成部分，提出了明确的可再生能源发展目标，制定了鼓励可再生能源发展的法律和政策，可再生能源得到迅速发展。

可再生能源是我国重要的能源资源，在满足能源需求、改善能源结构、减少环境污染、促进经济发展等方面已发挥了重要作用。但可再生能源消费占我国能源消费总量的比重还很低，技术进步缓慢，产业基础薄弱，不能适应可持续发展的需要。我国《国民经济和社会发展第十一个五年规划纲要》明确提出："实行优惠的财税、投资政策和强制性市场份额政策，鼓励生产与消费可再生能源，提高在一次能源消费中的比重。"为了加快可再生能源发展，促进节能减排，积极应对气候变化，更好地满足经济和社会可持续发展的需要，在总结我国可再生能源资源、技术及产业发展状况，借鉴国际可再生能源发展经验基础上，研究制定了《可再生能源中长期发展规划》，提出了从现在到2020年期间我国可再生能源发展的指导思想、主要任务、发展目标、重点领域和保障措施,以指导我国可再生能源发展和项目建设。

一、国际可再生能源发展状况

(一) 发展现状

近年来,受石油价格上涨和全球气候变化的影响,可再生能源开发利用日益受到国际社会的重视,许多国家提出了明确的发展目标,制定了支持可再生能源发展的法规和政策,使可再生能源技术水平不断提高,产业规模逐渐扩大,成为促进能源多样化和实现可持续发展的重要能源。

1. 水电

水力发电是目前最成熟的可再生能源发电技术,在世界各地得到广泛应用。到2005年底,全世界水电总装机容量约为8.5亿千瓦。目前,经济发达国家水能资源已基本开发完毕,水电建设主要集中在发展中国家。

2. 生物质能

现代生物质能的发展方向是高效清洁利用,将生物质转换为优质能源,包括电力、燃气、液体燃料和固体成型燃料等。生物质发电包括农林生物质发电、垃圾发电和沼气发电等。到2005年底,全世界生物质发电总装机容量约为5000万千瓦,主要集中在北欧和美国;生物燃料乙醇年产量约3000万吨,主要集中在巴西、美国;生物柴油年产量约200万吨,主要集中在德国。沼气已是成熟的生物质能利用技术,在欧洲、中国和印度等地已建设了大量沼气工程和分散的户用沼气池。

3. 风电

风电包括离网运行的小型风力发电机组和大型并网风力发

电机组，技术已基本成熟。近年来，并网风电机组的单机容量不断增大，2005年新增风电机组的平均单机容量超过1000千瓦，单机容量4000千瓦的风电机组已投入运行，风电场建设已从陆地向海上发展。到2005年底，全世界风电装机容量已达6000万千瓦，最近5年来平均年增长率达30%。随着风电的技术进步和应用规模的扩大，风电成本持续下降，经济性与常规能源已十分接近。

4. 太阳能

太阳能利用包括太阳能光伏发电、太阳能热发电，以及太阳能热水器和太阳房等热利用方式。光伏发电最初作为独立的分散电源使用，近年来并网光伏发电的发展速度加快，市场容量已超过独立使用的分散光伏电源。2005年，全世界光伏电池产量为120万千瓦，累计已安装了600万千瓦。太阳能热发电已经历了较长时间的试验运行，基本上可达到商业运行要求，目前总装机容量约为40万千瓦。太阳能热利用技术成熟，经济性好，可大规模应用，2005年全世界太阳能热水器的总集热面积已达到约1.4亿平方米。

5. 地热能

地热能利用包括发电和热利用两种方式，技术均比较成熟。到2005年底，全世界地热发电总装机容量约900万千瓦，主要在美国、冰岛、意大利等国家。地热能热利用包括地热水的直接利用和地源热泵供热、制冷，在发达国家已得到广泛应用，近5年来全世界地热能热利用年均增长约13%。

6. 海洋能

潮汐发电、波浪发电和洋流发电等海洋能的开发利用也取得了较大进展，初步形成规模的主要是潮汐发电，全世界潮汐发电总装机容量约 30 万千瓦。

（二）发展趋势

随着经济的发展和社会的进步，世界各国将会更加重视环境保护和全球气候变化问题，通过制定新的能源发展战略、法规和政策，进一步加快可再生能源的发展。

从目前可再生能源的资源状况和技术发展水平看，今后发展较快的可再生能源除水能外，主要是生物质能、风能和太阳能。生物质能利用方式包括发电、制气、供热和生产液体燃料，将成为应用最广泛的可再生能源技术。风力发电技术已基本成熟，经济性已接近常规能源，在今后相当长时间内将会保持较快发展。太阳能发展的主要方向是光伏发电和热利用，近期光伏发电的主要市场是发达国家的并网发电和发展中国家偏远地区的独立供电。太阳能热利用的发展方向是太阳能一体化建筑，并以常规能源为补充手段，实现全天候供热，提高太阳能供热的可靠性，在此基础上进一步向太阳能供暖和制冷的方向发展。

总体来看，最近 20 多年来，大多数可再生能源技术快速发展，产业规模、经济性和市场化程度逐年提高，预计在 2010—2020 年间，大多数可再生能源技术可具有市场竞争力，在 2020 年以后将会有更快的发展，并逐步成为主导能源。

（三）发展经验

多年来，世界各国为了促进可持续发展，应对全球气候变化，积极推动可再生能源发展，已积累了丰富的经验，主要是：

1. 目标引导

为了促进可再生能源发展，许多国家制定了相应的发展战略和规划,明确了可再生能源发展目标。1997年,欧盟提出可再生能源在一次能源消费中的比例将从1996年的6%提高到2010年的12%,可再生能源发电量占总发电量的比例从1997年的14%提高到2010年的22%。2007年初,欧盟又提出了新的发展目标,要求到2020年,可再生能源消费占到全部能源消费的20%,可再生能源发电量占到全部发电量的30%。美国、日本、澳大利亚、印度、巴西等国也制定了明确的可再生能源发展目标,引导可再生能源的发展。

2. 政策激励

为了确保可再生能源发展目标的实现,许多国家制定了支持可再生能源发展的法规和政策。德国、丹麦、法国、西班牙等国采取优惠的固定电价收购可再生能源发电量,英国、澳大利亚、日本等国实行可再生能源强制性市场配额政策,美国、巴西、印度等国对可再生能源实行投资补贴和税收优惠等政策。

3. 产业扶持

为了促进可再生能源技术进步和产业化发展,许多国家十分重视可再生能源人才培养、研究开发、产业体系建设,建立了专门的研发机构,支持开展可再生能源科学研究、技术开发和产业服务等工作。发达国家不仅支持可再生能源技术研究和开发活动,而且特别重视新技术的试验、示范和推广,经过多年的发展,产业体系已经形成,有力地支持了可再生能源的发展。

4. 资金支持

为了加快可再生能源的发展,许多国家为可再生能源发展提供了强有力的资金支持,对技术研发、项目建设、产品销售和最终用户提供补贴。美国2005年的能源法令明确规定了支持可再生能源技术研发及其产业化发展的年度财政预算资金。德国对用户安装太阳能热水器提供40%的补贴。许多国家还采取了产品补贴和用户补助方式扩大可再生能源市场，引导社会资金投向可再生能源，有力地推动了可再生能源的规模化发展。

二、我国可再生能源发展现状

（一）资源潜力

根据初步资源评价，我国资源潜力大、发展前景好的可再生能源主要包括水能、生物质能、风能和太阳能。

1. 水能

水能资源是我国重要的可再生能源资源。根据2003年全国水力资源复查成果，全国水能资源技术可开发装机容量为5.4亿千瓦，年发电量2.47万亿千瓦时；经济可开发装机容量为4亿千瓦，年发电量1.75万亿千瓦时。水能资源主要分布在西部地区，约70%在西南地区。长江、金沙江、雅砻江、大渡河、乌江、红水河、澜沧江、黄河和怒江等大江大河的干流水能资源丰富，总装机容量约占全国经济可开发量的60%，具有集中开发和规模外送的良好条件。

2. 生物质能

我国生物质能资源主要有农作物秸秆、树木枝桠、畜禽粪便、能源作物（植物）、工业有机废水、城市生活污水和垃圾等。全国农作物秸秆年产生量约6亿吨，除部分作为造纸原料和畜牧饲料外，大约3亿吨可作为燃料使用，折合约1.5亿吨标准煤。林木枝桠和林业废弃物年可获得量约9亿吨，大约3亿吨可作为能源利用，折合约2亿吨标准煤。甜高粱、小桐子、黄连木、油桐等能源作物（植物）可种植面积达2000多万公顷，可满足年产量约 5000 万吨生物液体燃料的原料需求。畜禽养殖和工业有机废水理论上可年产沼气约 800 亿立方米，全国城市生活垃圾年产生量约 1.2 亿吨。目前，我国生物质资源可转换为能源的潜力约 5 亿吨标准煤，今后随着造林面积的扩大和经济社会的发展，生物质资源转换为能源的潜力可达 10 亿吨标准煤。

3. 风能

根据最新风能资源评价，全国陆地可利用风能资源 3 亿千瓦，加上近岸海域可利用风能资源，共计约 10 亿千瓦。主要分布在两大风带：一是"三北地区"（东北、华北北部和西北地区）；二是东部沿海陆地、岛屿及近岸海域。另外，内陆地区还有一些局部风能资源丰富区。

4. 太阳能

全国三分之二的国土面积年日照小时数在 2200 小时以上，年太阳辐射总量大于每平方米 5000 兆焦，属于太阳能利用条件较好的地区。西藏、青海、新疆、甘肃、内蒙古、山西、陕西、河北、山东、辽宁、吉林、云南、广东、福建、海南等地区的太阳辐射能量较大，尤其是青藏高原地区太阳能资源最为丰富。

5. 地热能

据初步勘探，我国地热资源以中低温为主，适用于工业加热、建筑采暖、保健疗养和种植养殖等，资源遍布全国各地。适用于发电的高温地热资源较少，主要分布在藏南、川西、滇西地区，可装机潜力约为 600 万千瓦。初步估算，全国可采地热资源量约为 33 亿吨标准煤。

（二）发展现状

经过多年发展，我国可再生能源取得了很大的成绩，水电已成为电力工业的重要组成部分，结合农村能源和生态建设，户用沼气得到了大规模推广应用。近年来，风电、光伏发电、太阳能热利用和生物质能高效利用也取得了明显进展，为调整能源结构、保护环境、促进经济和社会发展做出了重大贡献。

2005年，可再生能源开发利用总量（不包括传统方式利用生物质能）约1.66亿吨标准煤，约为2005年全国一次能源消费总量的7.5%。

1. 水电

到2005年底，全国水电总装机容量达1.17亿千瓦（包括约700万千瓦抽水蓄能电站），占全国总发电装机容量的23%，水电年发电量为3952亿千瓦时，占全国总发电量的16%。其中小水电为3800万千瓦，年发电量约1300亿千瓦时，担负着全国近二分之一国土面积、三分之一的县、四分之一人口的供电任务。全国已建成653个农村水电初级电气化县，并正在建设400个适应小康水平的以小水电为主的电气化县。我国水电勘测、设计、施工、安装和设备制造均达到国际水平，已形成完备的产业体系。

2. 生物质能

（1）沼气。到2005年底，全国户用沼气池已达到1800万户，年产沼气约70亿立方米；建成大型畜禽养殖场沼气工程和工业有机废水沼气工程约1500处，年产沼气约10亿立方米。沼气技术已从单纯的能源利用发展成废弃物处理和生物质多层次综合利用，并广泛地同养殖业、种植业相结合，成为发展绿色生态农业和巩固生态建设成果的一个重要途径。沼气工程的零部件已实现了标准化生产，沼气技术服务体系已比较完善。

（2）生物质发电。到2005年底，全国生物质发电装机容量约为200万千瓦，其中蔗渣发电约170万千瓦、垃圾发电约20万千瓦，其余为稻壳等农林废弃物气化发电和沼气发电等。在引进国外垃圾焚烧发电技术和设备的基础上，经过消化吸收，现已基本具备制造垃圾焚烧发电设备的能力。引进国外设备和技术建设了一些垃圾填埋气发电示范项目。但总体来看，我国在生物质发电的原料收集、净化处理、燃烧设备制造等方面与国际先进水平还有一定差距。

（3）生物液体燃料。我国已开始在交通燃料中使用燃料乙醇。以粮食为原料的燃料乙醇年生产能力为102万吨；以非粮原料生产燃料乙醇的技术已初步具备商业化发展条件。以餐饮业废油、榨油厂油渣、油料作物为原料的生物柴油生产能力达到年产5万吨。

3. 风电

到2005年底，全国已建成并网风电场60多个，总装机容量为126万千瓦。此外，在偏远地区还有约25万台小型独立运行的风力发电机（总容量约5万千瓦）。我国单机容量750千瓦及以下风电设备已批量生产，正在研制兆瓦级（1000千瓦）以上风力发电设备。与国际先进水平相比，国产风电机组单机容量较小，关键技术依赖进口，零部件的质量还有待提高。

4. 太阳能

（1）太阳能发电。到2005年底，全国光伏发电的总容量约为7万千瓦，主要为偏远地区居民供电。2002—2003年实施的"送电到乡"工程安装了光伏电池约1.9万千瓦，对光伏发电的应用和光伏电池制造起到了较大的推动作用。除利用光伏发电为偏远地区和特殊领域（通讯、导航和交通）供电外，已开始建设屋顶并网光伏发电示范项目。光伏电池及组装厂已有十多家，年制造能力达 10 万千瓦以上。但总体来看，我国光伏发电产业的整体水平与发达国家尚有较大差距，特别是光伏电池生产所需的硅材料主要依靠进口，对我国光伏发电的产业发展形成重大制约。

（2）太阳能热水器。到 2005 年底，全国在用太阳能热水器的总集热面积达 8000 万平方米，年生产能力 1500 万平方米。全国有 1000 多家太阳能热水器生产企业，年总产值近 120 亿元，已形成较完整的产业体系，从业人数达 20 多万人。总体来看，我国太阳能热水器应用技术与发达国家还有差距。目前，发达国家的太阳能热水器已实现与建筑的较好结合，向太阳能建筑一体化方向发展，而我国在这方面才开始起步。

5. 地热能

地热发电技术分为地热水蒸汽发电和低沸点有机工质发电。我国适合发电的地热资源集中在西藏和云南地区，由于当地水能资源丰富，地热发电竞争力不强，近期难以大规模发展。近年来，地热能的热利用发展较快，主要是热水供应及供暖、水源热泵和地源热泵供热、制冷等。随着地下水资源保护的不断加强，地热水的直接利用将受到更多的限制，地源热泵将是未来的主要发展方向。

（三）存在问题

虽然我国可再生能源开发利用取得了很大成绩，法规和政策体系不断完善，但可再生能源发展仍不能满足可持续发展的需要，存在的主要问题是：

（1）政策及激励措施力度不够。在现有技术水平和政策环境下，除了水电和太阳能热水器有能力参与市场竞争外，大多数可再生能源开发利用成本高，再加上资源分散、规模小、生产不连续等特点，在现行市场规则下缺乏竞争力，需要政策扶持和激励。目前，国家支持风电、生物质能、太阳能等可再生能源发展的政策体系还不够完整，经济激励力度弱，相关政策之间缺乏协调，政策的稳定性差，没有形成支持可再生能源持续发展的长效机制。

（2）市场保障机制还不够完善。长期以来，我国可再生能源发展缺乏明确的发展目标，没有形成连续稳定的市场需求。虽然国家逐步加大了对可再生能源发展的支持力度，但由于没有建立起强制性的市场保障政策，无法形成稳定的市场需求，可再生能源发展缺少持续的市场拉动，致使我国可再生能源新技术发展缓慢。

（3）技术开发能力和产业体系薄弱。除水力发电、太阳能热利用和沼气外，其它可再生能源的技术水平较低，缺乏技术研发能力，设备制造能力弱，技术和设备生产较多依靠进口，技术水平和生产能力与国外先进水平差距较大。同时，可再生能源资源评价、技术标准、产品检测和认证等体系不完善，人才培养不能满足市场快速发展的要求，没有形成支撑可再生能源产业发展的技术服务体系。

三、发展可再生能源的意义

可再生能源是重要的能源资源，开发利用可再生能源具有以下重要意义：

1. 开发利用可再生能源是落实科学发展观、建设资源节约型社会、实现可持续发展的基本要求。充足、安全、清洁的能源供应是经济发展和社会进步的基本保障。我国人口众多，人均能源消费水平低，能源需求增长压力大，能源供应与经济发展的矛盾十分突出。从根本上解决我国的能源问题，不断满足经济和社会发展的需要，保护环境，实现可持续发展，除大力提高能源效率外，加快开发利用可再生能源是重要的战略选择，也是落实科学发展观、建设资源节约型社会的基本要求。

2. 开发利用可再生能源是保护环境、应对气候变化的重要措施。目前，我国环境污染问题突出，生态系统脆弱，大量开采和使用化石能源对环境影响很大，特别是我国能源消费结构中煤炭比例偏高，二氧化碳排放增长较快，对气候变化影响较大。可再生能源清洁环保，开发利用过程不增加温室气体排放。开发利用可再生能源，对优化能源结构、保护环境、减排温室气体、应对气候变化具有十分重要的作用。

3. 开发利用可再生能源是建设社会主义新农村的重要措施。农村是目前我国经济和社会发展最薄弱的地区，能源基础设施落后，全国还有约1150万人没有电力供应，许多农村生活能源仍主要依靠秸秆、薪柴等生物质低效直接燃烧的传统利用方式提供。农村地区可再生能源资源丰富，加快可再生能源开发利用，一方面可以利用当地资源，因地制宜解决偏远地区电力供应和农村居民生活用能问题，另一方面可以将农村地区的生物质资源转换为商品能源，使可再生能源成为农村特色产业，有效延长农业产业链，提高农业效益，增加农民收入，改善农村环境，促进农村地区经济和社会的可持续发展。

4. 开发利用可再生能源是开拓新的经济增长领域、促进经济转型、扩大就业的重要选择。可再生能源资源分布广泛，各地区都具有一定的可再生能源开发利用条件。可再生能源的开发利用主要是利用当地自然资源和人力资源，对促进地区经济发展具有重要意义。同时，可再生能源也是高新技术和新兴产业，快速发展的可再生能源已成为一个新的经济增长点，可以有效拉动装备制造等相关产业的发展，对调整产业结构，促进经济增长方式转变，扩大就业，推进经济和社会的可持续发展意义重大。

四、指导思想和原则

（一）指导思想

以邓小平理论、"三个代表"重要思想为指导，全面落实科学发展观，促进资源节约型、环境友好型社会和社会主义新农村建设，认真贯彻《可再生能源法》，把发展可再生能源作为全面建设小康社会和实现可持续发展的重大战略举措，加快水能、风能、太阳能和生物质能的开发利用，促进技术进步，增强市场竞争力，不断提高可再生能源在能源消费中的比重。

（二）基本原则

1. 坚持开发利用与经济、社会和环境相协调。可再生能源的发展既要重视规模化开发利用，不断提高可再生能源在能源供应中的比重，也要重视可再生能源对解决农村能源问题、发展循环经济和建设资源节约型、环境友好型社会的作用，更要重视与环境和生态保护的协调。要根据资源条件和经济社会发展需要，在保护环境和生态系统的前提下，科学规划，因地制宜，合理布局，有序开发。特别是要高度重视生物质能开发与粮食和生态环境的关系，不得违法占用耕地，不得大量消耗粮食，不得破坏生态环境。

2. 坚持市场开发与产业发展互相促进。对资源潜力大、商业化发展前景好的风电和生物质发电等新兴可再生能源，在加大技术开发投入力度的同时，采取必要措施扩大市场需求，以持续稳定的市场需求为可再生能源产业的发展创造有利条件。建立以自我创新为主的可再生能源技术开发和产业发展体系，加快可再生能源技术进步，提高设备制造能力，并通过持续的规模化发展提高可再生能源的市场竞争力，为可再生能源的大规模发展奠定基础。

3. 坚持近期开发利用与长期技术储备相结合。积极发展未来具有巨大潜力、近期又有一定市场需求的可再生能源技术。既要重视近期适宜应用的水电、生物质发电、沼气、生物质固体成型燃料、风电和太阳能热利用，也要重视未来发展前景良好的太阳能光伏发电、生物液体燃料等可再生能源技术。

4. 坚持政策激励与市场机制相结合。国家通过经济激励政策支持采用可再生能源技术解决农村能源短缺和无电问题，发展循环经济。同时，国家建立促进可再生能源发展的市场机制，运用市场化手段调动投资者的积极性，提高可再生能源的技术水平，推进可再生能源产业化发展，不断提高可再生能源的竞争力，使可再生能源在国家政策的支持下得到更大规模的发展。

五、发展目标

（一）总体目标

今后十五年我国可再生能源发展的总目标是：提高可再生能源在能源消费中的比重，解决偏远地区无电人口用电问题和农村生活燃料短缺问题，推行有机废弃物的能源化利用，推进可再生能源技术的产业化发展。

1. 提高可再生能源比重,促进能源结构调整。我国探明的石油、天然气资源贫乏,单纯依靠化石能源难以实现经济、社会和环境的协调发展。水电、生物质能、风电和太阳能资源潜力大,技术已经成熟或接近成熟,具有大规模开发利用的良好前景。加快发展水电、生物质能、风电和太阳能,大力推广太阳能和地热能在建筑中的规模化应用,降低煤炭在能源消费中的比重,是我国可再生能源发展的首要目标。

2. 解决无电人口的供电问题,改善农村生产、生活用能条件。无电人口地处偏远地区,人口分散,缺乏常规能源资源,而且许多地区不适合采用常规方式建设能源基础设施,采用可再生能源技术是解决这些无电人口供电问题的有效手段。农村人口众多,生活用能方式落后,影响农村居民生活水平的提高,特别是过度利用薪柴作为生活燃料对生态破坏严重。在农村就地利用可再生能源资源,可以实现多能互补,显著改善农村居民的生产、生活条件,对农村小康社会建设将起到积极的推动作用。

3. 清洁利用有机废弃物,推进循环经济发展。在农作物生产及粮食加工、林业生产和木材加工、畜禽养殖、工业生产、城市生活污水、垃圾处理等过程中,会产生大量有机废弃物。如果这些废弃物不能得到合理利用和妥善处理,将会成为环境污染源,对自然生态、大气环境和人体健康造成危害。利用可再生能源技术,将这些有机废弃物转换为电力、燃气、固体成型燃料等清洁能源,既是保护环境的重要措施,也是充分利用废弃物、变废为宝的重要手段,符合发展循环经济的要求。

4. 规模化建设带动可再生能源新技术的产业化发展。目前，除了水电、太阳能热利用、沼气等少数可再生能源技术，大部分可再生能源产业基础仍很薄弱，还不具备直接参与市场竞争的能力，因此，现阶段可再生能源发展的一项重要任务是提高技术水平和建立完善的产业体系。2010年之前，在加快可再生能源技术发展，扩大可再生能源开发利用的同时，重点完善支持可再生能源发展的政策体系和机构能力建设，初步建立适应可再生能源规模化发展的产业基础。从2010年到2020年期间，要建立起完备的可再生能源产业体系，大幅降低可再生能源开发利用成本，为大规模开发利用打好基础。2020年以后，要使可再生能源技术具有明显的市场竞争力，使可再生能源成为重要能源。

（二）具体发展目标

1. 充分利用水电、沼气、太阳能热利用和地热能等技术成熟、经济性好的可再生能源，加快推进风力发电、生物质发电、太阳能发电的产业化发展，逐步提高优质清洁可再生能源在能源结构中的比例，力争到2010年使可再生能源消费量达到能源消费总量的10%，到2020年达到15%。

2. 因地制宜利用可再生能源解决偏远地区无电人口的供电问题和农村生活燃料短缺问题，并使生态环境得到有效保护。按循环经济模式推行有机废弃物的能源化利用，基本消除有机废弃物造成的环境污染。

3. 积极推进可再生能源新技术的产业化发展，建立可再生能源技术创新体系，形成较完善的可再生能源产业体系。到2010年，基本实现以国内制造设备为主的装备能力。到2020

年，形成以自有知识产权为主的国内可再生能源装备能力。

六、重点发展领域

根据各类可再生能源的资源潜力、技术状况和市场需求情况，2010年和2020年可再生能源发展重点领域如下：

（一）水电

考虑到资源分布特点、开发利用条件、经济发展水平和电力市场需求等因素，今后水电建设的重点是金沙江、雅砻江、大渡河、澜沧江、黄河上游和怒江等重点流域，同时，在水能资源丰富地区，结合农村电气化县建设和实施"小水电代燃料"工程需要，加快开发小水电资源。到2010年，全国水电装机容量达到1.9亿千瓦，其中大中型水电1.4亿千瓦，小水电5000万千瓦；到2020年，全国水电装机容量达到3亿千瓦，其中大中型水电2.25亿千瓦，小水电7500万千瓦。

开展西藏自治区东部水电外送方案研究，以及金沙江、澜沧江、怒江"三江"上游和雅鲁藏布江水能资源的勘查和开发利用规划，做好水电开发的战略接替准备工作。

（二）生物质能

根据我国经济社会发展需要和生物质能利用技术状况，重点发展生物质发电、沼气、生物质固体成型燃料和生物液体燃料。到2010年，生物质发电总装机容量达到550万千瓦，生物质固体成型燃料年利用量达到100万吨，沼气年利用量达到190亿立方米，增加非粮原料燃料乙醇年利用量200万吨，生物柴油年利用量达到20万吨。到2020年，生物质发电总装机容量达到3000万千瓦，生物质固体成型燃料年利用量达到5000万吨，沼气年利用量达到440亿立方米，生物燃料乙醇年利用量达到

1000万吨，生物柴油年利用量达到200万吨。

1. 生物质发电

生物质发电包括农林生物质发电、垃圾发电和沼气发电，建设重点为：

（1）在粮食主产区建设以秸秆为燃料的生物质发电厂，或将已有燃煤小火电机组改造为燃用秸秆的生物质发电机组。在大中型农产品加工企业、部分林区和灌木集中分布区、木材加工厂，建设以稻壳、灌木林和木材加工剩余物为原料的生物质发电厂。在"十一五"前3年，建设农业生物质发电（主要以秸秆为燃料）和林业生物质发电示范项目各20万千瓦。到2010年，农林生物质发电（包括蔗渣发电）总装机容量达到400万千瓦，到2020年达到2400万千瓦。在宜林荒山、荒地、沙地开展能源林建设，为农林生物质发电提供燃料。

（2）在规模化畜禽养殖场、工业有机废水处理和城市污水处理厂建设沼气工程，合理配套安装沼气发电设施。在"十一五"前3年，建设100个沼气工程及发电示范项目，总装机容量5万千瓦。到2010年，建成规模化畜禽养殖场沼气工程4700座、工业有机废水沼气工程1600座，大中型沼气工程年产沼气约40亿立方米，沼气发电达到100万千瓦。到2020年，建成大型畜禽养殖场沼气工程10000座、工业有机废水沼气工程6000座，年产沼气约140亿立方米，沼气发电达到300万千瓦。

（3）在经济较发达、土地资源稀缺地区建设垃圾焚烧发电厂，重点地区为直辖市、省级城市、沿海城市、旅游风景名胜城市、主要江河和湖泊附近城市。积极推广垃圾卫生填埋技术，在大中型垃圾填埋场建设沼气回收和发电装置。到2010年，垃圾发电总装机容量达到50万千瓦，到2020年达到300万千瓦。

2. 生物质固体成型燃料

生物质固体成型燃料是指通过专门设备将生物质压缩成型的燃料，储存、运输、使用方便，清洁环保，燃烧效率高，既可作为农村居民的炊事和取暖燃料，也可作为城市分散供热的燃料。生物质固体成型燃料的发展目标和建设重点为：

（1）2010年前，结合解决农村基本能源需要和改变农村用能方式，开展500个生物质固体成型燃料应用示范点建设。在示范点建设生物质固体成型燃料加工厂，就近为当地农村居民提供燃料，富余量出售给城镇居民和工业用户。到2010年，全国生物质固体成型燃料年利用量达到100万吨。

（2）到2020年，使生物质固体成型燃料成为普遍使用的一种优质燃料。生物质固体成型燃料的生产包括两种方式：一种是分散方式，在广大农村地区采用分散的小型化加工方式，就近利用农作物秸秆，主要用于解决农民自身用能需要，剩余量作为商品燃料出售；另一种是集中方式，在有条件的地区，建设大型生物质固体成型燃料加工厂，实行规模化生产，为大工业用户或城乡居民提供生物质商品燃料。全国生物质固体成型燃料年利用量达到5000万吨。

3. 生物质燃气

充分利用沼气和农林废弃物气化技术提高农村地区生活用能的燃气比例，并把生物质气化技术作为解决农村废弃物和工业有机废弃物环境治理的重要措施。

在农村地区主要推广户用沼气、特别是与农业生产结合的沼气技术；在中小城镇发展以大型畜禽养殖场沼气工程和工业废水沼气工程为气源的集中供气。到2010年，约4000万户（约1.6亿人）农村居民生活燃料主要使用沼气，年沼气利用量约150亿立方米。到2020年，约8000万户（约3亿人）农村居民生活燃气主要使用沼气，年沼气利用量约300亿立方米。

4. 生物液体燃料

生物液体燃料是重要的石油替代产品，主要包括燃料乙醇和生物柴油。根据我国土地资源和农业生产的特点，合理选育和科学种植能源植物，建设规模化原料供应基地和大型生物液体燃料加工企业。不再增加以粮食为原料的燃料乙醇生产能力，合理利用非粮生物质原料生产燃料乙醇。近期重点发展以木薯、甘薯、甜高粱等为原料的燃料乙醇技术，以及以小桐子、黄连木、油桐、棉籽等油料作物为原料的生物柴油生产技术，逐步建立餐饮等行业的废油回收体系。从长远考虑，要积极发展以纤维素生物质为原料的生物液体燃料技术。在2010年前，重点在东北、山东等地，建设若干个以甜高粱为原料的燃料乙醇试点项目，在广西、重庆、四川等地，建设若干个以薯类作物为原料的燃料乙醇试点项目，在四川、贵州、云南、河北等地建设若干个以小桐子、黄连木、油桐等油料植物为原料的生物柴油试点项目。到2010年，增加非粮原料燃料乙醇年利用量200万吨，生物柴油年利用量达到20万吨。到2020年，生物燃料乙醇年利用量达到1000万吨，生物柴油年利用量达到200万吨，总计年替代约1000万吨成品油。

（三）风电

通过大规模的风电开发和建设，促进风电技术进步和产业发展，实现风电设备制造自主化，尽快使风电具有市场竞争力。

在经济发达的沿海地区，发挥其经济优势，在"三北"（西北、华北北部和东北）地区发挥其资源优势，建设大型和特大型风电场，在其他地区，因地制宜地发展中小型风电场，充分利用各地的风能资源。主要发展目标和建设重点如下：

（1）到2010年，全国风电总装机容量达到500万千瓦。重点在东部沿海和"三北"地区，建设30个左右10万千瓦等级的大型风电项目，形成江苏、河北、内蒙古3个100万千瓦级的风电基地。建成1~2个10万千瓦级海上风电试点项目。

（2）到2020年，全国风电总装机容量达到3000万千瓦。在广东、福建、江苏、山东、河北、内蒙古、辽宁和吉林等具备规模化开发条件的地区，进行集中连片开发，建成若干个总装机容量200万千瓦以上的风电大省。建成新疆达坂城、甘肃玉门、苏沪沿海、内蒙古辉腾锡勒、河北张北和吉林白城等6个百万千瓦级大型风电基地，并建成100万千瓦海上风电。

（四）太阳能

1. 太阳能发电

发挥太阳能光伏发电适宜分散供电的优势，在偏远地区推广使用户用光伏发电系统或建设小型光伏电站，解决无电人口的供电问题。在城市的建筑物和公共设施配套安装太阳能光伏发电装置，扩大城市可再生能源的利用量，并为太阳能光伏发电提供必要的市场规模。为促进我国太阳能发电技术的发展，做好太阳能技术的战略储备，建设若干个太阳能光伏发电示范电站和太阳能热发电示范电站。到2010年，太阳能发电总容量达到30万千瓦，到2020年达到180万千瓦。建设重点如下：

（1）采用户用光伏发电系统或建设小型光伏电站，解决偏远地区无电村和无电户的供电问题，重点地区是西藏、青海、内蒙古、新疆、宁夏、甘肃、云南等省（区、市）。建设太阳能光伏发电约10万千瓦，解决约100万户偏远地区农牧民生活用电问题。到2010年，偏远农村地区光伏发电总容量达到15万千瓦，到2020年达到30万千瓦。

（2）在经济较发达、现代化水平较高的大中城市，建设与建筑物一体化的屋顶太阳能并网光伏发电设施，首先在公益性建筑物上应用，然后逐渐推广到其它建筑物，同时在道路、公园、车站等公共设施照明中推广使用光伏电源。"十一五"时期，重点在北京、上海、江苏、广东、山东等地区开展城市建筑屋顶光伏发电试点。到2010年，全国建成1000个屋顶光伏发电项目，总容量5万千瓦。到2020年，全国建成2万个屋顶光伏发电项目，总容量100万千瓦。

（3）建设较大规模的太阳能光伏电站和太阳能热发电电站。"十一五"时期，在甘肃敦煌和西藏拉萨（或阿里）建设大型并网型太阳能光伏电站示范项目；在内蒙古、甘肃、新疆等地选择荒漠、戈壁、荒滩等空闲土地，建设太阳能热发电示范项目。到2010年，建成大型并网光伏电站总容量2万千瓦、太阳能热发电总容量5万千瓦。到2020年，全国太阳能光伏电站总容量达到20万千瓦，太阳能热发电总容量达到20万千瓦。

另外，光伏发电在通讯、气象、长距离管线、铁路、公路等领域有良好的应用前景，预计到2010年，这些商业领域的光伏应用将累计达到3万千瓦，到2020年将达到10万千瓦。

2. 太阳能热利用

在城市推广普及太阳能一体化建筑、太阳能集中供热水工程，并建设太阳能采暖和制冷示范工程。在农村和小城镇推广户用太阳能热水器、太阳房和太阳灶。到2010年，全国太阳能热水器总集热面积达到1.5亿平方米，加上其它太阳能热利用，年替代能源量达到3000万吨标准煤。到2020年，全国太阳能热水器总集热面积达到约3亿平方米，加上其它太阳能热利用，年替代能源量达到6000万吨标准煤。

（五）其它可再生能源

积极推进地热能和海洋能的开发利用。合理利用地热资源，推广满足环境保护和水资源保护要求的地热供暖、供热水和地源热泵技术，在夏热冬冷地区大力发展地源热泵，满足冬季供热需要。在具有高温地热资源的地区发展地热发电，研究开发深层地热发电技术。在长江流域和沿海地区发展地表水、地下水、土壤等浅层地热能进行建筑采暖、空调和生活热水供应。到2010年，地热能年利用量达到400万吨标准煤，到2020年，地热能年利用量达到1200万吨标准煤。到2020年，建成潮汐电站10万千瓦。

（六）农村可再生能源利用

在农村地区开发利用可再生能源，解决广大农村居民生活用能问题，改善农村生产和生活条件，保护生态环境和巩固生态建设成果，有效提高农民收入，促进农村经济和社会更快发展。发展重点是：

（1）解决农村无电地区的用电问题。在电网延伸供电不经济的地区，发挥当地资源优势，利用小水电、太阳能光伏发电和风力发电等可再生能源技术，为农村无电人口提供基本电力供应。在小水电资源丰富地区，优先开发建设小水电站（包括微水电），为约 100 万户居民供电。在缺乏小水电资源的地区，因地制宜建设独立的小型太阳能光伏电站、风光互补电站，推广使用小风电、户用光伏发电、风光互补发电系统，为约 100 万户居民供电。

（2）改善农村生活用能条件。推广"小水电代燃料"、户用沼气、生物质固体成型燃料、太阳能热水器等可再生能源技术，为农村地区提供清洁的生活能源，改善农村生活条件，提高农民生活质量。到 2010 年，使用清洁可再生能源的农户普及率达到 30%，农村户用沼气达到 4000 万户，太阳能热水器使用量达到 5000 万平方米。到 2020 年，使用清洁可再生能源的农户普及率达到 70%以上，农村户用沼气达到 8000 万户，太阳能热水器使用量达到 1 亿平方米。

（3）开展绿色能源示范县建设。在可再生能源资源丰富地区，坚持因地制宜，灵活多样的原则，充分利用各种可再生能源，积极推进绿色能源示范县建设。绿色能源县的可再生能源利用量在生活能源消费总量中要超过 50%，各种生物质废弃物得到妥善处理和合理利用。绿色能源示范县建设要与沼气利用、生物质固体成型燃料和太阳能利用相结合。到 2010 年，全国建成 50 个绿色能源示范县；到 2020 年，绿色能源县普及到 500 个。

七、投资估算与效益分析

（一）投资估算

要实现可再生能源发展目标，建设资金是必要的保障条件。根据各种可再生能源的应用领域、建设规模、技术特点和发展状况，采取国家投资和社会多元化投资相结合的方式解决可再生能源开发利用的建设资金问题。

从2006年到2020年，新增1.9亿千瓦水电装机，按平均每千瓦7000元测算，需要总投资约1.3万亿元；新增2800万千瓦生物质发电装机，按平均每千瓦7000元测算，需要总投资约2000亿元；新增约2900万千瓦风电装机，按平均每千瓦6500元测算，需要总投资约1900亿元；新增6200万户农村户用沼气，按户均投资3000元测算，需要总投资约1900亿元；新增太阳能发电约173万千瓦，按每千瓦75000元测算，需要总投资约1300亿元。加上大中型沼气工程、太阳能热水器、地热、生物液体燃料生产和生物质固体成型燃料等，预计实现2020年规划任务将需总投资约2万亿元。

（二）环境和社会影响

水力发电、风力发电、太阳能发电、太阳能热利用不排放污染物和温室气体，而且可显著减少煤炭消耗，也相应减少煤炭开采的生态破坏和燃煤发电的水资源消耗。可再生能源开发利用中的工业废水、城市污水和畜禽养殖场沼气工程本身就是清洁生产的重要措施，有利于环境保护和可持续发展。生物质发电排放的二氧化硫、氮氧化物和烟尘等污染物远少于燃煤发电，特别是生物质从生长到燃烧总体上对环境不增加二氧化碳排放量。因此，可再生能源开发利用可减少污染物和温室气体排放，并减少水资源消耗和生态破坏。

可再生能源开发过程对生态环境也可能产生不利影响，水电开发对所在流域的生态环境有一定影响，特别是会淹没部分土地，可能改变生物生存环境，造成泥沙淤积，施工过程对地貌和植被有一定影响。目前，水电施工技术和环保技术已可将不利影响减少到最小，许多水电工程建成后可有效改善生态环境。

风电建设要占用大面积的土地，旋转的风机叶片可能影响鸟类，在靠近居民区的地方可能产生噪音污染，目前大多数风电场是一种新的旅游景点，但随着风电建设规模的扩大，可能会出现一些环境问题，如噪音和影响自然景观等。生物质发电过程如果采取环保措施不当，将会排放灰尘等污染物，也要消耗水资源，需要采取严格的环保措施。多数可再生能源技术新，应用范围广，涉及千家万户，要严格安全技术标准，普及安全常识，保障安全生产和安全使用。

可再生能源资源分布广泛，大型水电资源集中在地理位置较为偏僻的高山峡谷地区，大量的风能资源处于戈壁滩、大草原和沿海滩涂地区，太阳能资源在西部地区最为丰富，生物质能资源主要在农业大县和林区。这些地区的可再生能源开发利用可以起到促进地区经济发展、加快脱贫致富、实现均衡和谐发展的作用。可再生能源开发利用，特别是生物质能开发利用可以促进农村经济发展、增加农民收入，对解决"三农"问题十分有利。

总体来看，可再生能源开发利用对环境和社会的影响利大于弊，坚持趋利避害的开发利用方针，有利于实现可持续发展，符合建设资源节约型、环境友好型社会及构建和谐社会的要求。

（三）效益分析

1. 能源效益

到 2010 年和 2020 年，全国可再生能源开发利用量分别相当于 3 亿吨标准煤和 6 亿吨标准煤，可显著减少煤炭消耗，弥补天然气和石油资源的不足。初步估算，可再生能源达到2020年的利用量时，年发电量相当于替代煤炭约6亿吨，沼气年利用量相当于240亿立方米天然气，燃料乙醇和生物柴油年用量相当于替代石油约1000万吨，太阳能和地热能的热利用相当于降低能源年需求量约7000万吨标准煤。可再生能源的开发利用对改善能源结构和节约能源资源将起到重大作用。

2. 环境效益

可再生能源的开发利用将带来显著的环境效益。达到2010年发展目标时，可再生能源年利用量相当于减少二氧化硫年排放量约400万吨，减少氮氧化物年排放量约150万吨，减少烟尘年排放量约200万吨，减少二氧化碳年排放量约6亿吨，年节约用水约15亿立方米，可以使约1.5亿亩林地免遭破坏。达到2020年发展目标时，可再生能源年利用量相当于减少二氧化硫年排放量约800万吨，减少氮氧化物年排放量约300万吨，减少烟尘年排放量约400万吨，减少二氧化碳年排放量约12亿吨，年节约用水约20亿立方米，可使约3亿亩林地免遭破坏。

3. 社会效益

到2020年，将利用可再生能源累计解决无电地区约1000万人口的基本用电问题，改善约1亿户农村居民的生活用能条件。农作物秸秆和农业废弃生物质的能源利用可提高农业生产效益，预计达到2020年开发利用规模时，可增加农民年收入约1000亿元。农村户用沼气池和畜禽养殖场沼气工程建设将改善农村地区环境卫生，减少畜禽粪便对河流、水源和地下水的污染。可再生能源开发利用将促进农村和县域经济发展，提高农村能源供应等公用设施的现代化水平。

能源林建设、林业生物质及木材加工废弃物的能源利用可促进植树造林和生态环境保护,预计林业领域生物质能利用达到2020年目标时,可增加林业年产值约500亿元。城市生活污水处理和工业生产废水处理沼气利用可促进循环经济发展。可再生能源开发利用、设备制造和相关配套产业可增加大量就业岗位,到2020年,预计可再生能源领域的从业人数将达到200万人。

可再生能源的开发利用将节约和替代大量化石能源,显著减少污染物和温室气体排放,促进人与自然的协调发展,对全面建设小康社会和社会主义新农村起到重要作用,有力地推进经济和社会的可持续发展。

八、规划实施保障措施

为了确保规划目标的实现,将采取下列措施支持可再生能源的发展:

1. 提高全社会的认识。全社会都要从战略和全局高度认识可再生能源的重要作用,国务院各有关部门和各级政府都要认真执行《可再生能源法》,制定相关配套政策和规章,制定可再生能源发展专项规划,明确发展目标,将可再生能源开发利用作为建设资源节约型、环境友好型社会的考核指标。

2. 建立持续稳定的市场需求。根据可再生能源发展目标要求,按照政府引导、政策支持和市场推动相结合的原则,通过优惠的价格政策和强制性的市场份额政策,以及政府投资、政府特许权等措施,培育持续稳定增长的可再生能源市场,促进可再生能源的开发利用、技术进步和产业发展,确保可再生能源中长期发展规划目标的实现。

对非水电可再生能源发电规定强制性市场份额目标：到2010年和2020年，大电网覆盖地区非水电可再生能源发电在电网总发电量中的比例分别达到1%和3%以上；权益发电装机总容量超过500万千瓦的投资者，所拥有的非水电可再生能源发电权益装机总容量应分别达到其权益发电装机总容量的3%和8%以上。

3. 改善市场环境条件。国家电网企业和石油销售企业要按照《可再生能源法》的要求，承担收购可再生能源电力和生物液体燃料的义务。国务院能源主管部门负责组织制定各类可再生能源电力的并网运行管理规定，电网企业要负责建设配套电力送出工程。电力调度机构要根据可再生能源发电的规律，合理安排电力生产及运行调度，使可再生能源资源得到充分利用。在国家指定的生物液体燃料销售区域内，所有经营交通燃料的石油销售企业均应销售掺入规定比例生物液体燃料的汽油或柴油产品，并尽快在全国推行乙醇汽油和生物柴油。

国务院建筑行政主管部门和国家标准委组织制定建筑物太阳能利用的国家标准，修改完善相关建筑标准、工程规范和城市建设管理规定，为太阳能在建筑物上应用创造条件。在太阳能资源丰富、经济条件好的城镇，要在必要的政策条件下，强制扩大太阳能热利用技术的市场份额。

4. 制定电价和费用分摊政策。国务院价格主管部门根据各类可再生能源发电的技术特点和不同地区的情况，按照有利于可再生能源发展和经济合理的原则，制定和完善可再生能源发电项目的上网电价，并根据可再生能源开发利用技术的发展适时调整；实行招标的可再生能源发电项目的上网电价，按照招标确定的价格执行,并根据市场情况进行合理调整。电网企业收购可再生能源发电量所发生的费用,高于按照常规能源发电平均上网电价计算所发生费用之间的差额,附加在销售电价中在全社会分摊。

5. 加大财政投入和税收优惠力度。中央财政根据《可再生能源法》的要求,设立可再生能源发展专项资金,根据可再生能源发展需要和国家财力状况确定资金规模。各级地方财政也要按照《可再生能源法》的要求,结合本地区实际,安排必要的财政资金支持可再生能源发展。国家运用税收政策对水能、生物质能、风能、太阳能、地热能和海洋能等可再生能源的开发利用予以支持,对可再生能源技术研发、设备制造等给予适当的企业所得税优惠。

6. 加快技术进步及产业发展。整合现有可再生能源技术资源,完善技术和产业服务体系,加快人才培养,全面提高可再生能源技术创新能力和服务水平,促进可再生能源技术进步和产业发展。将可再生能源的科学研究、技术开发及产业化纳入国家各类科技发展规划,在高技术产业化和重大装备扶持项目中安排可再生能源专项,支持国内研究机构和企业在可再生能源核心技术方面提高创新能力,在引进国外先进技术基础上,加强消化吸收和再创造,尽快形成自主创新能力。力争到2010年基本形成可再生能源技术和产业体系,形成以国内制造设备为主的装备能力。到2020年,建立起完善的可再生能源技术和产业体系,形成以自有知识产权为主的可再生能源装备能力,满足可再生能源大规模开发利用的需要。

# 可再生能源发展专项
# 资金管理暂行办法

财政部关于印发
《可再生能源发展专项资金管理暂行办法》的通知
财建〔2015〕87号

各省、自治区、直辖市、计划单列市财政厅（局），新疆生产建设兵团财务局：

为促进可再生能源开发利用，优化能源结构，保障能源安全，根据《中华人民共和国预算法》、《中华人民共和国可再生能源法》等相关法律法规以及党的十八届三中全会关于深化财税体制改革的具体要求，我部制定了《可再生能源发展专项资金管理暂行办法》。现予印发，请遵照执行。

中华人民共和国财政部
2015年4月2日

## 第一章 总 则

**第一条** 为了加强对可再生能源发展专项资金的管理，提高资金使用效益，根据《中华人民共和国可再生能源法》、《中华人民共和国预算法》等相关法律、法规，制定本办法。

**第二条** 本办法所称"可再生能源"是指《中华人民共和

国可再生能源法》规定的风能、太阳能、水能、生物质能、地热能、海洋能等非化石能源。

本办法所称"可再生能源发展专项资金"（以下简称发展专项资金）是指由国务院财政部门依法设立的，用于支持可再生能源开发利用的专项资金。

发展专项资金通过中央财政预算安排。

第三条 发展专项资金用于资助以下活动：

（一）可再生能源开发利用的科学技术研究、标准制定和示范工程；

（二）农村、牧区生活用能的可再生能源利用项目；

（三）偏远地区和海岛可再生能源独立电力系统建设；

（四）可再生能源的资源勘查、评价和相关信息系统建设；

（五）促进可再生能源开发利用设备的本地化生产。

第四条 发展专项资金安排应遵循的原则：

（一）突出重点、兼顾一般；

（二）鼓励竞争、择优扶持；

（三）公开、公平、公正。

## 第二章 扶持重点

第五条 发展专项资金重点扶持潜力大、前景好的石油替代，建筑物供热、采暖和制冷，以及发电等可再生能源的开发利用。

第六条 石油替代可再生能源开发利用，重点是扶持发展生物乙醇燃料、生物柴油等。

生物乙醇燃料是指用甘蔗、木薯、甜高粱等制取的燃料乙醇。

生物柴油是指用油料作物、油料林木果实、油料水生植物等为原料制取的液体燃料。

**第七条** 建筑物供热、采暖和制冷可再生能源开发利用,重点扶持太阳能、地热能等在建筑物中的推广应用。

**第八条** 可再生能源发电重点扶持风能、太阳能、海洋能等发电的推广应用。

**第九条** 国务院财政部门根据全国可再生能源开发利用规划确定的其他扶持重点。

## 第三章 申报及审批

**第十条** 根据国民经济和社会发展需要以及全国可再生能源开发利用规划,国务院可再生能源归口管理部门(以下简称国务院归口管理部门)负责会同国务院财政部门组织专家编制、发布年度专项资金申报指南。

**第十一条** 申请使用发展专项资金的单位或者个人,根据国家年度专项资金申报指南,向所在地可再生能源归口管理部门(以下简称地方归口管理部门)和地方财政部门分别进行申报。

可再生能源开发利用的科学技术研究项目,需要申请国家资金扶持的,通过"863"、"973"等国家科技计划(基金)渠道申请;农村沼气等农业领域的可再生能源开发利用项目,现已有资金渠道的,通过现行渠道申请支持。上述两类项目,不得在发展专项资金中重复申请。

**第十二条** 地方归口管理部门负责会同同级地方财政部门逐级向国务院归口管理部门和国务院财政部门进行申报。

**第十三条** 国务院归口管理部门会同国务院财政部门,根据申报情况，委托相关机构对申报材料进行评估或者组织专家进行评审。

对使用发展专项资金进行重点支持的项目，凡符合招标条件的，须实行公开招标。招标工作由国务院归口管理部门会同国务院财政部门参照国家招投标管理的有关规定组织实施。

**第十四条** 根据专家评审意见、招标结果，国务院归口管理部门负责提出资金安排建议，报送国务院财政部门审批。

国务院财政部门根据可再生能源发展规划和发展专项资金年度预算安排额度审核、批复资金预算。

**第十五条** 各级财政部门按照规定程序办理发展专项资金划拨手续，及时、足额将专项资金拨付给项目承担单位或者个人。

**第十六条** 在执行过程中因特殊原因需要变更或者撤销的，项目承担单位或者个人按照申报程序报批。

## 第四章 财务管理

**第十七条** 发展专项资金的使用方式包括：无偿资助和贷款贴息。

（一）无偿资助方式。

无偿资助方式主要用于盈利性弱、公益性强的项目。除标准制订等需由国家全额资助外，项目承担单位或者个人须提供与无偿资助资金等额以上的自有配套资金。

（二）贷款贴息方式。

贷款贴息方式主要用于列入国家可再生能源产业发展指导目录、符合信贷条件的可再生能源开发利用项目。在银行贷款到位、项目承担单位或者个人已支付利息的前提下，才可以安排贴息资金。

贴息资金根据实际到位银行贷款、合同约定利息率以及实际支付利息数额确定，贴息年限为1—3年，年贴息率最高不超过3%。

**第十八条** 项目承担单位或者个人获得国家拨付的发展专项资金后，应当按国家有关规定进行财务处理。

**第十九条** 获得无偿资助的单位和个人，在以下范围内开支发展专项资金：

（一）人工费。

人工费是指直接从事项目工作人员的工资性费用。

项目工作人员所在单位有财政事业费拨款的，人工费由所在单位按照国家有关规定从事业费中足额支付给项目工作人员，并不得在项目经费中重复列支。

（二）设备费。

设备费是指购置项目实施所必需的专用设备、仪器等的费用。

设备费已由其他资金安排购置或者现有设备仪器能够满足项目工作需要的，不得在项目经费中重复列支。

（三）能源材料费。

能源材料费是指项目实施过程中直接耗用的原材料、燃料及动力、低值易耗品等支出。

（四）租赁费。

租赁费是指租赁项目实施所必需的场地、设备、仪器等的费用。

（五）鉴定验收费。

鉴定验收费是指项目实施过程中所必需的试验、鉴定、验收费用。

（六）项目实施过程中其他必要的费用支出。

以上各项费用，国家有开支标准的，按照国家有关规定执行。

## 第五章　考核与监督

**第二十条**　国务院财政部门和国务院归口管理部门对发展专项资金的使用情况进行不定期检查。

**第二十一条**　项目承担单位或者个人按照国家有关规定将发展专项资金具体执行情况逐级上报国务院归口管理部门。

国务院归口管理部门对发展专项资金使用情况进行审核，编报年度发展专项资金决算，并在每年3月底前将上年度决算报国务院财政部门审批。

**第二十二条**　发展专项资金专款专用，任何单位或者个人不得截留、挪用。

对以虚报、冒领等手段骗取、截留、挪用发展专项资金的，除按国家有关规定给予行政处罚外，必须将已经拨付的发展专项资金全额收回上缴中央财政。

## 第六章　附　则

**第二十三条**　国务院归口管理部门依据本办法会同国务院财政部门制定有关具体管理办法。

**第二十四条**　本办法由国务院财政部门负责解释。

**第二十五条**　本办法自2006年5月30日起施行。

# 可再生能源发展基金征收使用管理暂行办法

财政部 国家发展改革委 国家能源局关于印发
《可再生能源发展基金征收使用管理暂行办法》的通知
财综〔2011〕115号

各省、自治区、直辖市财政厅（局）、发展改革委、能源局、物价局，财政部驻各省、自治区、直辖市财政监察专员办事处，国家电网公司、中国南方电网有限责任公司、内蒙古自治区电力有限责任公司：

为了促进可再生能源的开发利用，根据《中华人民共和国可再生能源法》有关规定，财政部会同国家发展改革委、国家能源局共同制定了《可再生能源发展基金征收使用管理暂行办法》，现印发给你们，请遵照执行。

财政部 国家发展改革委 国家能源局
二〇一一年十一月二十九日

## 第一章 总 则

**第一条** 为了促进可再生能源的开发利用，根据《中华人民共和国可再生能源法》的有关规定，制定本办法。

**第二条** 可再生能源发展基金的资金筹集、使用管理和监督检查等适用本办法。

## 第二章　资金筹集

**第三条**　可再生能源发展基金包括国家财政公共预算安排的专项资金（以下简称可再生能源发展专项资金）和依法向电力用户征收的可再生能源电价附加收入等。

**第四条**　可再生能源发展专项资金由中央财政从年度公共预算中予以安排（不含国务院投资主管部门安排的中央预算内基本建设专项资金）。

**第五条**　可再生能源电价附加在除西藏自治区以外的全国范围内，对各省、自治区、直辖市扣除农业生产用电（含农业排灌用电）后的销售电量征收。

**第六条**　各省、自治区、直辖市纳入可再生能源电价附加征收范围的销售电量包括：

（一）省级电网企业（含各级子公司）销售给电力用户的电量；

（二）省级电网企业扣除合理线损后的趸售电量（即实际销售给转供单位的电量，不含趸售给各级子公司的电量）；

（三）省级电网企业对境外销售电量；

（四）企业自备电厂自发自用电量；

（五）地方独立电网（含地方供电企业，下同）销售电量（不含省级电网企业销售给地方独立电网的电量）；

（六）大用户与发电企业直接交易的电量。

省（自治区、直辖市）际间交易电量，计入受电省份的销售电量征收可再生能源电价附加。

**第七条**　可再生能源电价附加征收标准为8厘/千瓦时。根据可再生能源开发利用中长期总量目标和开发利用规划，以及可再生能源电价附加收支情况，征收标准可以适时调整。

**第八条** 可再生能源电价附加由财政部驻各省、自治区、直辖市财政监察专员办事处（以下简称专员办）按月向电网企业征收，实行直接缴库，收入全额上缴中央国库。

电力用户应缴纳的可再生能源电价附加，按照下列方式由电网企业代征：

（一）大用户与发电企业直接交易电量的可再生能源电价附加，由代为输送电量的电网企业代征；

（二）地方独立电网销售电量的可再生能源电价附加，由地方电网企业在向电力用户收取电费时一并代征；

（三）企业自备电厂自发自用电量应缴纳的可再生能源电价附加，由所在地电网企业代征；

（四）其他社会销售电量的可再生能源电价附加，由省级电网企业在向电力用户收取电费时一并代征。

**第九条** 可再生能源电价附加收入填列政府收支分类科目第103类01款68项"可再生能源电价附加收入"。

**第十条** 省级电网企业和地方独立电网企业，应于每月10日前向驻当地专员办申报上月实际销售电量（含自备电厂自发自用电量，下同）和应缴纳的可再生能源电价附加。专员办应于每月12日前完成对企业申报的审核，确定可再生能源电价附加征收额，并向申报企业开具《非税收入一般缴款书》。省级电网企业和地方独立电网企业，应于每月15日前，按照专员办开具《非税收入一般缴款书》所规定的缴款额，足额上缴可再生能源电价附加。

**第十一条** 专员办根据省级电网企业和地方独立电网企业

全年实际销售电量，在次年3月底前完成对相关企业全年应缴可再生能源电价附加的汇算清缴工作。

专员办开展汇算清缴工作时，应对电力用户欠缴电费、电网企业核销坏账损失的电量情况进行审核，经确认后不计入相关企业全年实际销售电量。

**第十二条** 中央财政按照可再生能源附加实际代征额的2‰付给相关电网企业代征手续费，代征手续费从可再生能源发展基金支出预算中安排，具体支付方式按照财政部的有关规定执行。代征电网企业不得从代征收入中直接提留代征手续费。

**第十三条** 对可再生能源电价附加征收增值税而减少的收入，由财政预算安排相应资金予以弥补，并计入"可再生能源电价附加收入"科目核算。

## 第三章 资金使用

**第十四条** 可再生能源发展基金用于支持可再生能源发电和开发利用活动：

（一）可再生能源发展专项资金主要用于支持以下可再生能源开发利用活动：

1. 可再生能源开发利用的科学技术研究、标准制定和示范工程；

2. 农村、牧区生活用能的可再生能源利用项目；

3. 偏远地区和海岛可再生能源独立电力系统建设；

4. 可再生能源的资源勘查、评价和相关信息系统建设；

5. 促进可再生能源开发利用设备的本地化生产；

6.《中华人民共和国可再生能源法》规定的其他相关事项。

(二) 可再生能源电价附加收入用于以下补助：

1. 电网企业按照国务院价格主管部门确定的上网电价，或者根据《中华人民共和国可再生能源法》有关规定通过招标等竞争性方式确定的上网电价，收购可再生能源电量所发生的费用，高于按照常规能源发电平均上网电价计算所发生费用之间的差额；

2. 执行当地分类销售电价，且由国家投资或者补贴建设的公共可再生能源独立电力系统，其合理的运行和管理费用超出销售电价的部分；

3. 电网企业为收购可再生能源电量而支付的合理的接网费用以及其他合理的相关费用，不能通过销售电价回收的部分。

**第十五条** 相关企业申请可再生能源发展专项资金补助的具体办法，按照《财政部关于印发〈可再生能源发展专项资金管理暂行办法〉的通知》（财建〔2006〕237号）等有关文件的规定执行。

可再生能源发展专项资金用于固定资产投资的，还应按照中央政府投资管理的有关规定执行。

**第十六条** 电网企业应按照《可再生能源法》相关规定，全额收购其电网覆盖范围内符合并网技术标准的可再生能源并网发电项目的上网电量。

**第十七条** 可再生能源电价附加补助资金的申报、审核、拨付等具体办法，由财政部会同国家发展改革委、国家能源局另行制定。

**第十八条** 可再生能源发展专项资金支出填列政府收支分类科目中第211类12款01项"可再生能源"；可再生能源电价

附加支出填列政府收支分类科目中第211类15款01项"可再生能源电价附加收入安排的支出"（新增）。

## 第四章 监督检查

**第十九条** 财政、价格、能源、审计部门按照职责分工，对可再生能源电价附加的征收、拨付、使用和管理情况进行监督检查。

**第二十条** 省级电网企业和地方独立电网企业，应及时足额上缴可再生能源电价附加，不得拖延缴纳。

**第二十一条** 未经批准，多征、减征、缓征、停征或截留、挤占、挪用可再生能源电价附加收入的单位及责任人，由财政、价格、能源、审计等相关部门依照《中华人民共和国价格法》、《财政违法行为处罚处分条例》、《价格违法行为行政处罚规定》等法律法规追究法律责任。

## 第五章 附　则

**第二十二条** 本办法由财政部会同国家发展改革委、国家能源局解释。

**第二十三条** 本办法自2012年1月1日起施行。

# 可再生能源建筑应用示范市县验收评估办法

住房城乡建设部关于印发
《可再生能源建筑应用示范市县验收评估办法》的通知
建科〔2014〕138号

各省、自治区住房城乡建设厅，直辖市、计划单列市住房城乡建委（建设局），新疆生产建设兵团建设局：

　　为规范可再生能源建筑应用城市示范及农村地区县级示范的验收评估工作，经商财政部同意，住房城乡建设部制定了《可再生能源建筑应用示范市县验收评估办法》，现印发给你们，请遵照执行。

中华人民共和国住房和城乡建设部<br>2014 年 9 月 16 日

## 第一章 总 则

　　**第一条** 为规范指导可再生能源建筑应用城市示范及农村地区县级示范的验收评估工作，特制定本办法。

　　**第二条** 本办法适用于财政部、住房城乡建设部批准的可再生能源建筑应用城市示范及农村地区县级示范的验收评估。

　　**第三条** 验收工作的主要依据：

（一）《财政部　住房城乡建设部关于印发可再生能源建筑应用城市示范实施方案的通知》（财建〔2009〕305号）；

（二）《财政部　住房城乡建设部关于印发加快推进农村地区可再生能源建筑应用的实施方案的通知》（财建〔2009〕306号）；

（三）《财政部　住房城乡建设部关于加强可再生能源建筑应用城市示范和农村地区县级示范管理的通知》（财建〔2010〕455号）；

（四）《财政部　住房城乡建设部关于进一步推进可再生能源建筑应用的通知》（财建〔2011〕61号）；

（五）《财政部　住房城乡建设部关于通报可再生能源建筑应用示范市县工作进度及加强预算执行管理的通知》（财建〔2012〕89号）。

## 第二章　验收条件

**第四条**　可再生能源建筑应用城市示范及农村地区县级示范需达到以下条件，方可验收：

（一）按照财政部、住房城乡建设部要求，完成可再生能源建筑应用示范建设任务和配套能力建设目标；

（二）示范市县建立示范项目建设全过程管理的信息系统，强化项目监督管理；

（三）省级住房城乡建设、财政主管部门应建设示范市县省级网络管理平台，对示范市县实施情况进行网络化管理。省级管理平台应与国家级可再生能源建筑应用管理系统对接。

（四）示范期间完成的实际可再生能源建筑应用面积不少于

中央财政奖励资金对应的示范面积，且项目建设手续完整并正常投入运营，经过自查自检合格；

（五）示范市县委托省级及以上的民用建筑能效测评机构对应用项目的实施量及应用效果进行形式检查并出具形式检查报告。符合以下条件之一的项目应进行现场检测，并出具性能检测报告和能效评估报告：

1. 示范城市建筑面积超过2万平方米的公共建筑及超过10万平方米的住宅项目；

2. 示范县建筑面积超过1万平方米的公共建筑及超过5万平方米的住宅项目；

3. 同时应用两种以上技术类型的可再生能源建筑应用项目。

现场检测项目应主要委托给国家级民用建筑能效测评机构进行测评，测评费用由地方统筹解决。

（六）中央财政资金按要求执行到位，资金的使用及管理符合国家有关规定，并经第三方机构、专家审查合格。

## 第三章 验收内容

**第五条** 可再生能源建筑应用城市示范及农村地区县级示范验收内容包括：

（一）示范市县任务完成情况；

（二）市县实际可再生能源建筑应用面积及示范期内新增可再生能源建筑应用项目的建设及运行情况；

（三）示范市县可再生能源建筑应用项目建设情况及取得的主要经验与成效、存在的问题及下一步改进措施、后续的可再生能源建筑应用规模化应用的规划及实施计划；

（四）示范市县可再生能源建筑应用配套能力建设情况，主要包括：法规政策出台情况、技术标准制定情况、能效测评资料及结果、技术进步情况等；

（五）中央财政资金使用及管理情况；

## 第四章 验收程序

**第六条** 示范市县完成示范任务后，组织自检，确定达到验收条件后，向省级住房城乡建设、财政主管部门提交验收申请报告。列为示范城市的直辖市、计划单列市向住房城乡建设部提出验收申请。申请报告应包括以下内容：

（一）可再生能源建筑应用示范总结，包括示范任务完成情况、能力建设情况、取得的节能减排及经济社会效果等；

（二）示范项目建设及运行情况，包括纳入示范任务的可再生能源建筑应用项目清单、可再生能源建筑应用项目形式检查及符合条件项目的性能检测和能效评估报告；

（三）可再生能源建筑应用配套能力建设情况；

（四）中央财政补助资金使用及管理情况；

（五）其他需要说明的情况。

**第七条** 省级住房城乡建设主管部门应会同财政主管部门组织对申请验收评估的示范市县进行验收审核，出具可再生能源建筑应用示范市县验收评估报告（相关格式详见附件），并报住房城乡建设部。列为可再生能源建筑应用示范城市的直辖市、计划单列市由住房城乡建设部组织验收。

**第八条** 住房城乡建设部会同财政部对可再生能源建筑应用示范市县的验收评估情况进行复核，必要时进行抽查，并对中央财政补助资金拨付及使用情况、省级可再生能源建筑应用能力建设情况进行核查。

## 第五章 附 则

**第九条** 本办法由住房城乡建设部建筑节能与科技司负责解释。

**第十条** 本办法自发布之日起施行。

附件（略）：财政部、住房和城乡建设部可再生能源建筑应用示范市（县）验收评估报告（格式）

# 城市污水再生利用技术政策

建设部、科学技术部
关于印发《城市污水再生
利用技术政策》的通知
建科〔2006〕100号

各省、自治区、直辖市建设厅（建委、市政管委、水务局）、科技厅（委），计划单列市建委（建设局）、科技局，新疆生产建设兵团建设局、科技局：

为推动城市污水再生利用技术进步，明确城市污水再生利用技术发展方向和技术原则，指导各地开展污水再生利用规划、建设、运营管理、技术研究开发和推广应用，促进城市水资源可持续利用与保护，积极推进节水型城市建设，建设部、科学技术部联合制定《城市污水再生利用技术政策》。现印发给你们，请结合本地区实际认真执行。

各地建设和科技行政主管部门应密切合作，加大投入，加强再生水利用新技术研究开发和推广转化工作。实施过程中有何问题，请将意见反馈给建设部科学技术司和科学技术部社会发展科技司。

中华人民共和国建设部
中华人民共和国科学技术部
2006年4月25日

1 总　则

1.1 为明确城市污水再生利用技术发展方向和技术原则，指导技术研究开发、推广应用和工程实践，促进城市水资源可持续利用与保护，依据《中华人民共和国水法》、《中华人民共和国水污染防治法》、《中华人民共和国城市规划法》和《城市节约用水管理规定》，制定本技术政策。

1.2 本技术政策所称的城市污水再生利用是指，城市污水经过净化处理，达到再生水水质标准和水量要求，并用于景观环境、城市杂用、工业和农业等用水的全过程。

1.3 本技术政策适用于城市污水再生利用（包括建筑中水）的规划、设计、建设、运营和管理。

1.4 城市污水再生利用应与水源保护、城市节约用水、水环境改善、景观与生态环境建设等结合，综合考虑地理位置、环境条件、经济社会发展水平、现有污水处理设施和水质特性等因素。

1.5 国家鼓励城市污水再生利用技术创新和科技进步，推动城市污水再生利用的基础研究、技术开发、应用研究、技术设备集成和工程示范。

2 目标与原则

2.1 城市污水再生利用的总体目标是充分利用城市污水资源、削减水污染负荷、节约用水、促进水的循环利用、提高水的利用效率。

2.2 2010年北方缺水城市的再生水直接利用率达到城市污水排放量的10%—15%，南方沿海缺水城市达到5%—10%；2015年北方地区缺水城市达到20%—25%，南方沿海缺水城市达到10%—15%，其他地区城市也应开展此项工作，并逐年提高利用率。

2.3 资源型缺水城市应积极实施以增加水源为主要目标的城市污水再生利用工程，水质型缺水城市应积极实施以削减水污染负荷、提高城市水体水质功能为主要目标的城市污水再生利用工程。

2.4 城市景观环境用水要优先利用再生水；工业用水和城市杂用水要积极利用再生水；再生水集中供水范围之外的具有一定规模的新建住宅小区或公共建筑，提倡综合规划小区再生水系统及合理采用建筑中水；农业用水要充分利用城市污水处理厂的二级出水。

2.5 国务院有关部门和地方政府应积极制定管理法规和鼓励性政策，切实有效地推动城市污水再生利用工程设施的建设与运营，并建立有效监控监管体系。

3 再生水利用规划

3.1 国家和地方在制定全国性、流域性、区域性水污染防治规划与城市污水处理工程建设规划时，应包含城市污水再生利用工程建设规划。

3.2 城市总体规划在确定供水、排水、生态环境保护与建设发展目标及市政基础设施总体布局时，应包含城市污水再生利用的发展目标及布局；市政工程管线规划设计和管线综合中，应包含再生水管线。

3.3 城市供水和排水专项规划中应包含城市污水再生利用规划，根据再生水水源、潜在用户地理分布、水质水量要求和输配水方式，经综合技术经济比较，合理确定污水再生利用设施的规模、用水途径、布局及建设方式；缺水城市应积极组织编制城市污水再生利用的专项规划。

3.4 城市污水再生利用设施的规划建设应遵循统一规划、分期实施，集中利用为主、分散利用为辅，优水优用、分质供水，注重实效、就近利用的指导原则，积极稳妥地发展再生水用户、扩大再生水应用范围。

3.5 确定再生水利用途径时，宜优先选择用水量大、水质要求相对不高、技术可行、综合成本低、经济和社会效益显著的用水途径。

3.6 城市污水再生利用系统，包括集中型系统、就地（小区）型系统和建筑中水系统，应因地制宜，灵活应用。

3.6.1 集中型系统通常以城市污水处理厂出水或符合排入城市下水道水质标准的污水为水源，集中处理，再生水通过输配管网输送到不同的用水场所或用户管网。

3.6.2 就地（小区）型系统是在相对独立或较为分散的居住小区、开发区、度假区或其他公共设施组团中，以符合排入城市下水道水质标准的污水为水源，就地建立再生水处理设施，再生水就近就地利用。

3.6.3 建筑中水系统是在具有一定规模和用水量的大型建筑或建筑群中，通过收集洗衣、洗浴排放的优质杂排水，就地进行再生处理和利用。

3.7 鼓励不同类型再生水系统的综合应用，优化和保障再生水的生产、输配和供给。

3.7.1 城市污水处理厂的邻近区域，用水量大或水质要求相近的用水，可以采用集中型再生水系统，如景观环境用水、工业用水及城市杂用。

3.7.2 远离城市污水处理厂的区域，或者用户分散、用水量小、水质要求存在明显差异的用水，可选用就地（小区）型再生水系统。

3.7.3 城市公共建筑、住宅小区、自备供水区、旅游景点、度假村、车站等相对独立的区域，可选用就地（小区）型再生水系统或建筑中水系统。

3.8 再生水管网应与污水再生处理设施同步规划，优化管网配置，缩短供水距离。

4 再生水设施建设

4.1 再生水水质

4.1.1 再生水水质应符合国家及地方水质标准，满足再生水用户提出的技术可行、经济合理的特定水质要求。

4.1.2 再生水的水质要求由基本控制项目和选择控制项目组成。

基本控制项目表达再生水的卫生安全等级与综合性水质要求，包括粪大肠菌群、浊度、SS、BOD5、COD、pH值、感官性状指标等。

选择控制项目表达某一用水途径的特定水质要求，包括影响用水功能与用水环境质量的各种化学指标和物理指标。

4.2 城市污水再生利用工程一般由再生水水源工程、再生水处理工程、再生水输配管网和用水设施（场所）组成。

4.3 再生水水源工程

4.3.1 再生水水源工程为收集、输送再生水水源水的管道系统及其辅助设施，再生水水源工程的设计应保证水源的水质水量满足再生水生产与供给的可靠性、稳定性和安全性要求。

4.3.2 排入城市污水收集与再生处理系统的工业废水应严

格按照国家及行业规定的排放标准，制定和实施相应的预处理、水质控制和保障计划。重金属、有毒有害物质超标的污水不允许排入或作为再生水水源。

4.4 再生水处理工程

4.4.1 再生水处理工程包括污水二级（或二级强化）处理设施、深度处理设施、消毒处理设施的不同组合与技术设备的集成。

4.4.2 污水二级或二级强化处理是再生水生产的基础，工艺单元的选取要同时考虑处理出水的达标排放和再生水生产对水质净化程度的要求，并与后续深度处理工艺衔接配套。

4.4.3 污水二级或二级强化处理应确保有机物（COD、$BOD_5$）和悬浮固体的去除程度，并降低处理水的氮、磷营养物浓度。

4.4.4 深度处理是再生水处理工程的主体单元，可采用滤料过滤或膜过滤工艺，一般需要设置混凝、沉淀前处理单元。对再生水水质有特殊要求的，可以选择反渗透、离子交换、活性炭吸附、高级氧化等单元作为辅助手段，由再生水用户自行建设再生水处理单元。

4.4.5 消毒是再生水处理的必备单元，可采用氯化消毒、紫外消毒、臭氧消毒等方法。

4.5 城市污水再生利用工程建设应按再生水利用规划分步实施，编制和实施《城市再生水厂施工及验收规范》及《城市再生水管道施工及验收规范》。各地要严格执行国家和地方关于再生水工程建设的有关规定。

5 再生水设施运营与监管

5.1 城市政府应明确监管部门，对再生水设施的综合运营状况进行监管，以保证再生水设施的稳定运营和服务质量。

5.2 监管部门应委托有资质的监测机构对再生水水质进行监测，确保再生水水质合格，监测费用列入监管部门监管成本，由本级财政列支。有条件的地区应考虑使用在线水质监测方法进行辅助监督。

5.3 再生水供水单位应以合同或协议的形式与再生水用户，就再生水供给的水质、水量、水压及其稳定性、供水事故的应急处理和损失赔偿责任、再生水的计量、收费等具体事项，做出明确的约定。

5.4 再生水设施的运营管理单位应配备专门的管理人员及经过培训的操作人员，并建立健全岗位责任制、操作规程、成本核算、内部质量控制等制度。

5.5 城市污水再生处理过程中产生的污泥和其他排放物应得到妥善处理与处置，具备条件的可与城市污水处理过程产生的污泥合并处理。

5.6 季节性用水变化等原因造成再生水设施部分闲置时，应对设施及设备进行妥善管理及维护，以保证使用功能。

5.7 再生水设施的运营管理单位应加强安全生产管理，改善卫生环境，确保职工安全。

6 再生水利用安全保障

6.1 再生水生产设施应设置多个系列或备用单元，确保整体工艺流程的连续生产不受维护、维修或意外故障的影响。

6.2 再生水生产设施的设备布置、单元构筑物和工艺管线设计应考虑操作维护的简便和运行调整的灵活性，以保障再生水的水质和水量。

6.3 再生水生产工艺流程的各个单元工艺均应设置报警装置。

6.4 再生水生产设施及输配管道上应有明显的标识，使用再生水的区域及用水点都应设置醒目的警示牌。

6.5 再生水和饮用水管道之间不允许出现交叉连接。

6.6 再生水生产和使用过程应确保公众和操作人员的卫生健康，消除病原体污染和传播的可能性。

7 再生水利用的技术创新

7.1 加快城市污水再生利用的综合研究，鼓励原始创新、集成创新和引进消化吸收再创新，发展具有自主知识产权的再生水利用技术和产品，进一步完善工程建设标准和技术规范，为促进再生水利用提供全面支撑。

7.2 国家和地方应加大对城市污水再生利用的科技投入，支持新技术、新工艺、新材料和新设备的研究开发、工程示范和产业化。

7.3 重点发展以膜技术和其它高效分离技术为核心单元的城市污水再生处理技术和成套化设备，推广应用先进适用、高效低耗、集成度高的工艺技术，淘汰落后的技术和设备。

7.4 鼓励发展适合居住小区或工业区污水就近再生利用的集成技术和组合技术，重点发展技术密集度高、可靠性好、环境影响小的集成技术及成套设备。

7.5 研究和开发再生水各种用水途径的水质监测技术、用水技术和安全性评价技术。

7.6 国家、部门和地方加强再生水利用的技术创新能力建设，建立再生水利用的重点实验室和工程技术研究中心，并通过各类科技计划，对污水再生利用的技术研究和应用示范给予重点支持。

8 再生水利用保障措施

8.1 加强城市污水再生利用法制建设和行政管理。地方应依据国家有关法律，研究制定促进城市污水再生利用工程建设与运营的相关法规，引入竞争机制，建立多元化投资体制，推进市场化运营，提高效率，降低成本，促进再生水利用的发展。

8.2 国家及地方应积极组织再生水水质标准的制订和修订，既要保障再生水的安全，也要体现标准实施的技术可行和经济合理。

8.3 各地要逐步建立合理的水价体系和用水结构，引导用水单位积极利用再生水，同时强制部分行业使用再生水。再生水定价以成本补偿及微利为基本原则，工业和非公益用水允许适度盈利。

8.4 各有关部门要积极引导社会投资再生水利用项目，特别是引导金融机构对重点再生水利用项目给予贷款支持。对一些重大项目，国家和地方政府应给予资金补助支持或贴息、免息、减息等优惠政策。

8.5 国家鼓励发展城市污水再生利用产业。再生水生产和利用企业享受国家有关优惠政策。对开发、研制、生产和使用列入国家鼓励发展的再生水利用技术、设备目录的单位，按国家有关规定给予税费减免等政策性优惠支持，再生水生产和运营企业在初期运营亏损时可给予适当的运营资金补偿。

8.6 加强城市污水再生利用技术推广服务体系建设。组织开展污水再生利用技术咨询、技术交流与推广，加强水质监测与信息发布等工作，确保再生水使用安全。

8.7 开展再生水利用宣传教育活动。采用多种形式，开展城市污水再生利用的科普宣传和示范工程建设，加快推进再生水利用技术推广应用。

附录：术语解释

城市污水：系指已经排入或计划接入城市排水设施的污水，其中包含生活污水、符合排入城市下水道水质标准的工业废水、入流雨水和入渗地下水。

城市污水再生处理：系指城市污水按照一定的水质标准或水质要求，采取相应的技术方法进行净化处理并使其恢复特定使用功能及安全性的过程，主要包含水质的再生、水量的回收和病原体的有效控制。城市污水再生处理技术方法包括但不限于二级处理、二级强化处理、三级处理（深度处理）和消毒处理。

再生水：经过城市污水再生处理系统充分可靠的净化处理、满足特定用水途径的水质标准或水质要求的净化处理水。

再生水直接利用：本技术政策中指城市景观用水、城市杂用水和工业用水等用水途径，不包括生态环境用水等用水途径。

二级处理：在一级处理的基础上，采用活性污泥法、生物膜法或其他等效处理方法，高效去除城市污水中悬浮性和溶解性有机物为主要目的污水处理过程。

二级强化处理：为了从城市污水中去除能导致水体富营养化的磷、氮营养物，通过生物法、物化法，在二级处理功能基础上显著强化磷、氮去除能力的污水处理过程。

深度处理：在二级处理或二级强化处理基础上，采用化学混凝、沉淀、过滤等物理化学处理方法进一步强化悬浮固体、胶体、病原体和某些无机物去除的净化处理过程。包括但不限于混凝、沉淀、过滤工艺构成的传统三级处理流程、采用膜技术（微滤、反渗透）的改进流程、以及其他高效分离处理流程。

城市污水再生利用系统：集中型、就地（小区）型和建筑中水系统简示如下：

(1) 集中型系统

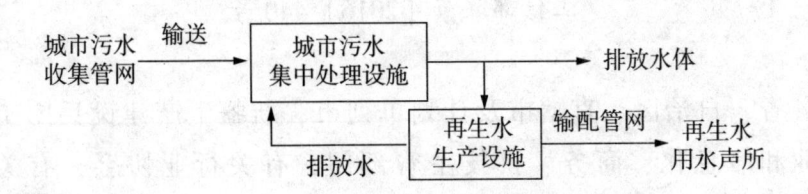

```
城市污水      输送    城市污水              排放水体
收集管网  ─────→  集中处理设施  ──────→
                    │    ↑
                    │    │         输配管网    再生水
                    └────再生水   ──────→    用水声所
                     排放水 生产设施
```

(2) 就地（就近、小区、分散）型系统

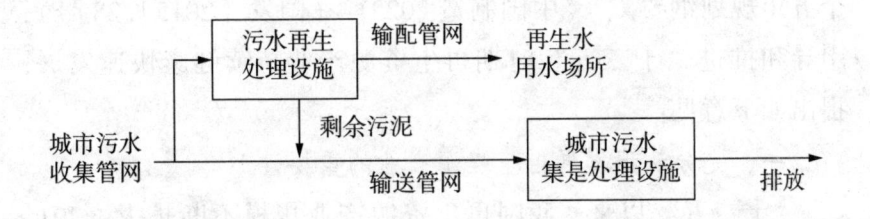

```
                    污水再生    输配管网    再生水
              ┌──→  处理设施  ─────→    用水场所
              │      │
城市污水      │      │ 剩余污泥
收集管网  ────┤      ↓
              │              城市污水
              └───────────→  集是处理设施  ──→ 排放
                  输送管网
```

(3) 建筑中水系统

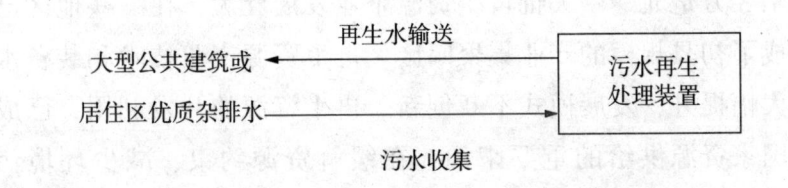

```
大型公共建筑或   ←──── 再生水输送 ────    ┌────────┐
                                          │ 污水再生 │
居住区优质杂排水 ─────────────────────→    │ 处理装置 │
                                          └────────┘
                    污水收集
```

# 关于加快推进再生资源产业发展的指导意见

工信部联节〔2016〕440号

各省、自治区、直辖市及计划单列市、新疆生产建设兵团工业和信息化、商务、科技主管部门，有关行业协会，有关单位：

为贯彻落实《中华人民共和国国民经济和社会发展第十三个五年规划纲要》、《中国制造2025》（国发〔2015〕28号），引导和推进"十三五"时期再生资源产业持续健康快速发展，提出如下意见：

一、充分认识发展再生资源产业的重要性

"十二五"以来，我国再生资源产业规模不断扩大，2015年，我国主要再生资源回收利用量约为2.46亿吨，产业规模约1.3万亿元。一大批再生资源企业发展壮大，在一些地区已形成了初具规模的产业集聚园区。再生资源产业技术和装备水平大幅提升，发展模式不断创新。再生资源的开发利用，已成为国家资源供给的重要来源，在缓解资源约束、减少环境污染、促进就业、改善民生等方面发挥了积极作用。但与此同时，也面临着一些突出问题，主要表现为循环利用理念尚未在全社会普及，回收利用体系有待健全，产业集约化程度偏低，技术装备水平总体不高，再生产品社会认知度低，配套政策不完善，服务体系尚未建立，标准、统计、人才等基础能力薄弱。

"十三五"时期,我国发展仍处于可以大有作为的重要战略机遇期,经济发展进入新常态,提质增效、转型升级对绿色发展的要求更加紧迫。随着钢材、有色金属等原材料社会消费积蓄量及电器电子产品、塑料、橡胶制品等报废量持续增加,再生资源数量和种类也随之大幅度增长,再生资源产业发展潜力巨大。

再生资源产业发展是生态文明建设的重要内容,是实现绿色发展的重要手段,也是应对气候变化、保障生态安全的重要途径。推动再生资源产业健康持续发展,对转变发展方式,实现资源循环利用,将起到积极的促进作用。大力发展再生资源产业,对全面推进绿色制造、实现绿色增长、引导绿色消费也具有重要意义。

二、总体要求

(一) 指导思想

全面贯彻党的十八大和十八届三中、四中、五中、六中全会精神,牢固树立并贯彻创新、协调、绿色、开放、共享的发展理念,着力推进供给侧结构性改革,以再生资源产业转型升级为主线,以创新体制机制为保障,加强法规标准建设,提升产业技术装备水平,提高再生资源产品附加值,加快推动再生资源产业绿色化、循环化、协同化、高值化、专业化、集群化发展,推动再生资源产业发展成为绿色环保产业的重要支柱和新的经济增长点,形成适应我国国情的再生资源产业发展模式,为加快工业绿色发展和生态文明建设做出贡献。

(二) 基本原则

市场主导、政府引导。充分发挥市场在资源配置中的决定性作用,以企业为主体,完善相关支持政策,激发企业活力和创造力。加强政府在制度建设、政策制定及行业发展等方面的引导作用，为企业发展创造良好环境。

突出重点、分类施策。以产生量大、战略性强、易于回收利用的再生资源品种为重点，分类指导，精准施策，完善技术规范，实行分重点、分品种、分领域的定制化管理。

创新驱动、转型升级。加强产学研用相结合，推广先进适用关键技术，推动商业模式创新和制度创新，促进再生资源产业结构转型升级、跨越发展。

试点示范、模式推广。组织实施试点示范工程，鼓励优秀企业先行先试，因地制宜，形成可复制、可推广、可借鉴的经验，促进再生资源产业向集聚化、专业化方向发展。

（三）主要目标

到2020年，基本建成管理制度健全、技术装备先进、产业贡献突出、抵御风险能力强、健康有序发展的再生资源产业体系，再生资源回收利用量达到3.5亿吨。建立较为完善的标准规范，产业发展关键核心技术取得新的突破，培育一批具有市场竞争力的示范企业，再生资源产业进一步壮大。

三、主要任务

（一）绿色化发展，保障生态环境安全。将绿色化理念贯穿到再生资源产业链的各环节和全过程，从回收、分拣、运输，到加工、循环化利用、再制造以及废物处理处置，严格执行环保、安全、卫生、劳动保护、质量标准，推动再生资源综合利用企业完善环保制度，加强环保设施建设和运营管理，推进清洁生产，实现达标排放，防止二次污染，保障生态环境安全。

（二）循环化发展，推进产业循环组合。结合"一带一路"

建设、京津冀协同发展、长江经济带发展,科学规划,统筹产业带、产业园区的空间布局,鼓励企业之间和产业之间建立物质流、信息流、资金流、产品链紧密结合的循环经济联合体,延伸再生资源产业链条,提升再生资源产品附加值,实现资源跨企业、跨行业、跨产业、跨区域循环利用。

(三) 协同化发展,提升产业创新能力。强化企业技术创新主体地位,鼓励企业加大研发投入,加强企业与高等院校、科研院所的紧密结合,鼓励和支持建立产学研用创新联盟,协同开展关键共性技术攻关。积累一批核心技术知识产权,加快技术成果转化应用。以物联网和大数据为依托,围绕重点领域,瞄准未来技术发展制高点,建设一批产业集聚、优势突出、产学研用有机结合、引领示范作用显著的再生资源产业示范基地,提升成套装备制造的科技创新能力。

(四) 高值化发展,促进产品结构升级。提高资源利用效率,推动向高值化利用转变,确保再生产品质量安全。提高再生产品附加值,避免低水平利用和"只循环不经济"。修订完善再生资源产品相关标准体系,鼓励使用经过认定后的再生资源产品。采用再制造新品抵押,实施再制造工程。着力加强再生资源的深加工,提高产品附加值。

(五) 专业化发展,提高资源利用效率。推动废旧机电产品、汽车、电器电子产品、电池等再生资源利用规模化和精细化发展。根据分行业、分品种的再生资源特征,开展行业规范条件及生产者责任延伸制度等分类指导管理。依托电信运营商的服务网点,探索建立废旧手机、电池、充电器等通信产品回收利用新模式。依托"互联网+",建立线上线下融合的回收模式,不断提高重点品种特别是低值再生资源回收率。

（六）集群化发展，实现产业集聚配套。鼓励再生资源综合利用企业集聚发展。鼓励通过兼并、重组、联营等方式，提高行业集中度。在废有色金属、废塑料、废弃电器电子产品资源化利用等重点领域，依靠技术创新驱动，实现规模化发展。促进再生资源回收体系、国家"城市矿产"示范基地、资源循环利用基地产业链有效衔接，建立产业良性发展环境，探索符合产业发展规律的商业模式，培育再生资源龙头企业。

四、重点领域

（一）废钢铁。结合各地区钢铁产能和废钢资源量，合理规划废钢加工配送企业布局，保障区域市场稳定和资源供应。继续加强废钢铁加工行业规范管理，健全废钢铁产品标准体系，推动完善废钢利用产业政策和税收政策，促进钢铁企业多用废钢。鼓励废钢铁供给企业与钢铁利用企业深度合作，促进废钢铁"回收—加工—利用"产业链有效衔接，形成可推广的产业创新模式。到2020年，引导废钢铁加工企业规范发展，废钢消耗量达到1.5亿吨。

（二）废有色金属。推进以龙头企业、试点示范企业为主体的废有色金属回收利用体系建设，利用信息化提升废有色金属交易智能化水平。引导企业进入园区，推进清洁生产，实现集中生产、废水集中处理，防止二次污染。到2020年，废有色金属利用规模达到1800万吨，其中再生铜440万吨，再生铝900万吨，再生铅250万吨，再生锌210万吨。

（三）废塑料。大力推进废塑料回收利用体系建设，支持不同品质废塑料的多元化、高值化利用。以当前资源量大、再生利用率高的品种为重点，鼓励开展废塑料重点品种再生利用示范，推广规模化的废塑料破碎-分选-改性-造粒先进高效生产线，培育一批龙头企业。积极推动低品质、易污染环境的废塑料资源化利用，鼓励对生活垃圾塑料进行无污染的能源化利用，逐步减少废塑料填埋。到2020年，国内产生的废塑料回收利用规模达2300万吨。

（四）废纸。加快推进废纸分拣加工中心规范建设，在重点区域建立大型废纸仓储物流交易中心，有效降低废纸区域间流动成本。提升废纸分拣加工自动化水平和标准化程度，推广废纸自动分选技术和装备，提高废纸回收利用率和高值化利用水平。推动废纸利用过程中的废弃物资源化利用和无害化处置，降低废纸加工利用过程中的环境影响。到2020年，国内废纸回收利用规模达到5500万吨，国内废纸回收利用率达到50%。

（五）废旧轮胎。开发轮胎翻新再制造先进技术，推行轮胎翻新先进技术保障体系建设，实施产品质量监控管理，确保翻新轮胎的产品质量。研发和推广高效、低耗废轮胎橡胶粉、新型环保再生橡胶及热裂解生产技术与装备，实现废轮胎的环保达标利用。到2020年，废轮胎回收环保达标利用规模达到850万吨，轮胎翻新率达到8—10%。

（六）废弃电器电子产品。积极落实《废弃电器电子产品回收处理管理条例》，推进废弃电器电子产品处理目录产品的回收利用。加强废弃电器电子产品资源化利用，大力开发资源化利用技术装备，研究制定废弃电器电子产品资源化利用评价指标体系，建立废弃电器电子产品资源化利用"领跑者"制度。开展电器电子产品生产者责任延伸试点，探索形成适合不同品种特点的生产者责任延伸模式。到2020年，废弃电器电子产品回收利用量达到6.9亿台。

（七）报废机动车。推动报废汽车拆解资源化利用装备制造，积极推进发动机及主要零部件再制造，实施再制造产品认定，发布再制造产品技术目录，制定汽车零部件循环使用标准规范，实现报废机动车零部件高值化利用。开展新能源汽车动力电池回收利用试点，建立完善废旧动力电池资源化利用标准体系，推进废旧动力电池梯级利用。通过创新回收机制、探索建立生产者责任延伸制度、提升资源化利用技术水平，打造完善的报废汽车资源化产业链。到2020年，报废机动车再生利用率达到95%。

（八）废旧纺织品。推动建设废旧纺织品回收利用体系，规范废旧纺织品回收、分拣、分级利用机制。开发废旧瓶片物理法、化学法兼备的高效连续生产关键技术，突破废旧纺织品预处理与分离技术、纤维高值化再利用及制品生产技术。支持利用废旧纺织品、废旧瓶片生产再生纱线、再生长丝、再生短纤、建筑材料、市政材料、汽车内饰材料、建材产品等，提高废旧纺织品在土工建筑、建材、汽车、家居装潢等领域的再利用水平。到2020年，废旧纺织品综合利用总量达到900万吨。

五、重大试点示范

（一）废钢铁精选炉料示范

围绕废钢铁中含有铜、铝等有色金属及塑料、橡胶等夹杂物，开发推广废钢铁自动高效分选技术与装备，提高废钢铁炉料品质，实现精料入炉。到2020年，全国钢铁生产利用废钢比例达到15%。

（二）废有色金属高值化利用示范

开发原料处理、火法冶炼、湿法分离、有价金属提炼等先进工艺，开展废铜直接制杆生产高导电铜、黄杂铜生产高精度板带等高值化利用，提高铜、镍、金、银、铂、钯等金属利用效率，建设再生高温合金万吨级，再生硬质合金、钛及钛合金、钼及钼合金千吨级，再生贵金属吨级以上战略稀贵金属资源化示范企业。

（三）废塑料高值高质利用示范

重点研发废塑料自动识别及分选技术，纸塑、铝塑、钢塑复合材料等分离技术，开发废塑料改性等高值化利用技术、废塑料回收利用二次污染控制技术及专用设备，建设一批生产规模不低于20万吨/年的龙头企业，重点支持一批高效再生利用、有效促进环境保护的废塑料回收利用示范企业大幅提升塑料再生产品品质，提高市场竞争力。

（四）废纸再生利用示范

以废纸产生量大、利用量大的区域为重点，完善收运、分选、打包等物流体系，建设电子交易平台，提供资金、交易、信息等综合服务，培育3—5家经营量在30万吨以上大型废纸加工交易示范基地，在区域废纸供应链中发挥重要集聚功能。

（五）废橡胶清洁化利用示范

开发再生橡胶绿色化、智能化、连续化成套设备，研发工业连续化整胎热裂解技术装备，推广连续密闭再生胶生产、负压裂解等技术，扩大改性沥青、高强力再生胶、高品质炭黑等产品推广应用，培育10家左右废橡胶清洁化和高值化利用示范企业。

（六）电器电子产品生产者责任延伸试点示范

围绕履行电器电子产品回收和资源化利用为重点，建成一批生产者责任延伸标杆企业，培育一批包括行业组织在内的第三方机构，扶持若干技术、检测认证及信息服务等支撑机构，形成适合不同电器电子产品特点的生产者责任延伸模式。

（七）新能源动力电池回收利用示范

重点围绕京津冀、长三角、珠三角等新能源汽车发展集聚区域，选择若干城市开展新能源汽车动力蓄电池回收利用试点示范，通过物联网、大数据等信息化手段，建立可追溯管理系统，支持建立普适性强、经济性好的回收利用模式，开展梯级利用和再利用技术研究、产品开发及示范应用。

（八）废旧纺织品综合利用示范

推动废旧纺织品及废旧瓶片分离、利用技术产业化，研发推广适合国情的废旧纺织品及废旧瓶片快速检测、分拆、破碎设备，物理法、化学法兼备的高效连续生产关键技术，废旧涤纶、涤棉纺织品、纯棉纺织品再利用技术，开发一批高附加值产品。围绕回收箱等社会回收方式与高校、社区等合作共建回收体系，形成废旧纺织品回收、分类、利用全流程规范化示范。建设10家废旧纺织品及废旧瓶片综合利用规范化示范项目。

（九）再生资源产业创新发展中心示范

以企业为主体，推动再生资源上下游产业链协同创新，加强政、产、学、研、用深度融合，探索技术创新、制度创新、商业模式创新的全过程创新发展模式，推动再生资源产业发展壮大。到2020年，围绕再生资源主要领域，形成20家左右再生资源产业创新发展中心。

（十）再生资源产业国际合作示范

鼓励和支持有实力的企业积极参与国际合作，利用我国再生资源综合利用产业的产能、技术与资金优势，促进我国再生资源产业从传统的"原料进口+产品输出"转向"投资+贸易"方式。到2020年，力争培育一批具有国际影响力的企业，推动一批国际合作重点项目，探索共建再生资源国际合作示范园区。

六、保障措施

（一）完善法规制度。推动相关法律制度建设，加快再生资源产业发展法制化进程。探索生产者责任延伸新模式，建立健全生产者责任延伸制度。研究建立再生资源材料使用制度，将再生资源产品纳入政府采购目录，鼓励再生材料和产品应用。完善再生资源综合利用行业规范条件制度，发布符合行业规范条件的企业名单。

（二）强化技术支撑。完善再生资源产业发展创新驱动机制，将资源循环利用共性关键技术研发列入国家科技计划。研究设立再生资源产业发展专项基金，加大对再生资源技术装备产业化和公共平台建设的支持力度。支持企业与高校、科研机构等开展产学研联合，加快新技术、新工艺、新材料、新产品和新设备的推广应用。鼓励企业研发综合利用先进技术装备及促进成果转化。

（三）创新管理模式。研究制定企业负面清单。依托"互联网+"，建立再生资源产业服务平台和信用评估系统，促进规范化再生资源利用企业发布环境保护和企业社会责任报告；以再生资源品种、产业规模、技术规范、产品标准等为重点，建立以促进资源化为目标的再生资源标准体系。

（四）加大政策支持力度。发挥财政资金对产业发展的引导作用，加大工业转型升级、节能减排等专项财政资金支持力度。落实资源综合利用税收优惠政策，加快再生产品、再制造等绿色产品的推广应用。发展绿色信贷，支持符合条件的再生资源企业，通过上市、发行企业债券、票据等多渠道筹措资金，破解企业融资难题。

（五）加强基础能力建设。加强再生资源产业相关指标信息监测，通过大数据，实现再生资源数据监测、统计分析、产品交易等技术服务。培养建立再生资源产业发展人才队伍，开展行业骨干技术人员培训，发挥产业发展专业人才带动作用。

（六）加强舆论宣传。加强舆论宣传引导，开展多层次、多形式的宣传活动，提高公众对再生资源产业发展在生态文明建设中重要作用的认识。对实施效果好的资源再生利用典型项目进行交流推广，组织发布资源再生利用典型模式案例，通过现场推介会、电视、报刊、网络等各种媒介进行宣传推广。

工业和信息化部　商务部　科技部<br>2016 年 12 月 21 日

# 关于推进再生资源回收行业转型升级的意见

(2016年5月5日,商务部、国家发展改革委、工业和信息化部、环境保护部、住房城乡建设部、供销合作总社印发)

各省、自治区、直辖市、计划单列市及新疆生产建设兵团商务、发展改革、工业和信息化、环境保护、住房城乡建设主管部门、供销合作社:

近年来,我国再生资源回收行业发展迅速,行业规模明显扩大,技术水平不断提升,为促进经济绿色、循环和低碳发展,建设资源节约型和环境友好型社会提供了有力支撑。当前,受经济下行的影响,再生资源回收行业面临价格持续下跌,经营成本不断上升等挑战,迫切需要转变发展方式,实现转型升级。为深入贯彻落实《中共中央国务院关于加快推进生态文明建设的意见》(中发〔2015〕12号),推进《再生资源回收体系建设中长期规划(2015—2020年)》(商流通发〔2015〕21号)的实施,加快再生资源回收行业转型升级步伐,现提出以下意见。

一、总体要求

(一)指导思想。全面贯彻党的十八大和十八届三中、四中、五中全会精神,按照党中央、国务院关于推进绿色发展和生态文明建设的决策部署,坚持五大发展理念,以加快转变发展方式、促进行业转型升级为主线,顺应"互联网+"发展趋势，着力推动再生资源回收模式创新，推动经营模式由粗放型向集约型转变，推动组织形式由劳动密集型向劳动、资本和技术密集型并重转变，建立健全完善的再生资源回收体系。

（二）基本原则。

1. 坚持市场运作和政府引导相结合。以市场化运作为主，政府部门加大对市场失灵品种的引导，通过制度规范、政策支持提高回收率。

2. 坚持规范秩序与行业创新相结合。加大法律、法规、标准的建立和健全，规范回收交易行为。通过技术创新、模式创新和服务创新，推动企业转型升级。

3. 坚持突出重点和兼顾其他相结合。以回收、分拣环节为重点，同时着眼于再生资源回收、分拣、运输、加工处理和利用全过程。从产废源头入手，建立健全回收渠道；通过提高分拣加工技术水平，实现与利废环节的有效衔接。

4. 坚持经济效益与社会效益相结合。在实施减量化、再利用、资源化的过程中，始终关注环境保护，避免造成二次污染。促进企业在追求经济效益的同时，注重社会效益，承担社会责任。

二、主要任务

（三）树立行业发展的新理念。再生资源回收是循环经济的重要组成部分，也是生态文明建设的重要内容。面临生态文明建设的新形势，回收企业在关注资源化的同时，应建立环境保护优先的理念。同时，在当前再生资源主要品种价格持续走低、经营成本日益攀升、生存压力较大的情况下，回收企业应摒弃等、靠、要的思想和观念，勇于改革和创新，树立"互联网+"

发展的新理念，创新回收模式和组织方式，培育新动能，拓展新空间。

（四）推广"互联网+回收"的新模式。鼓励企业利用互联网、大数据和云计算等现代信息技术和手段，建立或整合再生资源信息服务平台，为上游回收企业与下游拆解和利用企业搭建信息发布、竞价采购和物流服务平台，提高回收企业组织化水平，降低交易成本，优化再生资源回收、拆解利用产业链。以废弃电器电子产品、废弃饮料瓶等为突破口，在有条件的社区、商场等公共场所试点设立智能型自动回收机；以智能信息卡为载体，完善线下回收网点，通过激励机制，鼓励居民与企事业单位主动交投，实现线上信息流和线下物流的统一。鼓励互联网企业参与再生资源移动手机 APP、微信和网站回收服务，实现线上交废与线下回收的有机结合。

（五）探索两网协同发展的新机制。推动有条件的城市创新工作体制机制，试点开展再生资源回收与生活垃圾分类回收体系的协同发展，鼓励在重点环节加强对接：一是在收集环节，设置生活垃圾收集容器时充分考虑回收的便利，使可用资源优先得到回收，尽量避免进入垃圾清运体系，在提高资源回收率的同时，实现垃圾减量。二是在回收环节，在有条件的地区推动再生资源回收网点与生活垃圾收集站的整合。三是在转运和分拣环节，探索利用废旧商品回收车辆，实现对垃圾转运站可回收物的运输。四是在处理环节，将废旧商品分拣中心和加工处理基地与垃圾末端处理设施对接建设，提高资源的回收利用率，减少资源浪费。

（六）探索提高组织化的新途径。一是继续鼓励连锁化经营。鼓励龙头企业按照市场规律，通过连锁经营、特许经营

(加盟)等方式，整合中小企业和个体经营户，充分利用拾荒人员、社区居民等多方力量，形成稳定、高效、安全、便捷的回收渠道。二是着力推动平台化发展。合理规划和建设再生资源交易平台，通过信息平台整合社会分散的拾荒人员和中小企业，逐步形成集约化组织形式，提高再生资源回收企业规模化和组织化水平。三是提升集聚化水平。对各地历史形成的传统集散地，应加大升级改造力度。推动集散市场由散、乱、差的摊位式集合向企业式集合转变，由单一的商品交易功能向信息交换、价格形成、商品配送和资金结算等多功能方向发展，由单纯的线下交易向线上线下结合转变。完善集散市场信息采集、分析、处理和发布机制，编制发布重点品种价格指数，引导资源合理配置，促进行业有序发展。

（七）探索逆向物流建设的新方式。鼓励有条件的企业与上游生产商、销售商合作，通过"以旧换新"等方式，利用现有物流体系，试点开展废弃电器电子产品等再生资源品种逆向物流体系建设。推动仓储配送与包装绿色化发展，规范物流配送包装。加大废弃物回收物流处理设施投资力度，建设回收物流中心，提高再生资源回收的收集、仓储、分拣、包装、加工水平，借助社会化、专业化物流企业的力量，建立安全、高效、环保的物流系统。

（八）鼓励应用分拣加工新技术。分拣加工企业上游连接拾荒人员，下游连接利用企业，是整个产业链中的关键一环。鼓励研发再生资源回收、分拣、加工设备，提供再生资源分拣加工整体解决方案。鼓励引进现代化、自动化、智能化技术设备，提高分拣加工的科学化、精细化水平，促进与产废环节的充分对接，实现与利用环节的有效衔接。

三、保障措施

（九）建立引导机制。各地商务主管部门要以"再生资源信息管理系统"确定的省级重点联系企业为基础，建立重点联系的分拣加工企业制度，加强与重点联系企业的沟通交流，掌握行业发展情况，了解企业政策需求，协调解决企业发展中的突出困难和共性问题，并及时报送有关行业情况。推出"互联网+回收"和智能回收等具有代表性、典型性和创新性的回收模式并总结、宣传和推广，及时报送商务部；加大宣传力度，提高全社会对再生资源回收体系建设工作的认识。

（十）完善激励机制。对符合条件的融合创新平台和应用示范试点，运用现有财政专项资金给予支持。发挥投融资引领作用，探索互联网金融、风险投资、天使投资等投融资平台与行业联动发展，完善支持行业创新的融资服务。积极争取土地优惠政策。积极研究将回收行业关键技术研发及应用列入科技计划。对市场失灵品种回收模式给予政策支持。

（十一）强化约束机制。强化再生资源回收利用各环节的污染防治工作，支持污染防治设施建设，加大环保执法力度，依法查处污染环境的企业并向社会公布。严格以环保、节能指标为主要依据的行业准入和退出机制。研究建立再生资源回收生产者、销售者、消费者责任机制。

（十二）健全保障机制。充分发挥行业协会作用，组织重点领域、重点品种标准的制修订工作，加大标准的宣传贯彻力度，推动形成一批符合标准要求的管理水平较高、科技水平领先、经营较规范的再生资源回收企业和园区。研究建立科学合理、功能齐全、统一权威的再生资源标准体系总体框架；完善专业人才培养和健全产学研衔接互动机制；设立职业培训机构，强化回收一线工人的职业教育和培训。

商务部

发展改革委

工业和信息化部

环境保护部

住房城乡建设部

供销合作总社

2016年5月5日

# 关于进一步推进可再生能源建筑应用的通知

财建〔2011〕61号

各省、自治区、直辖市、计划单列市财政厅（局）、住房城乡建设厅（局、委），新疆生产建设兵团财务局、建设局：

近年来，为贯彻落实党中央、国务院关于推进节能减排与发展新能源的战略部署，财政部、住房城乡建设部大力推动太阳能、浅层地能等可再生能源在建筑领域应用，先后组织实施了项目示范、城市示范及农村地区县级示范，取得明显成效，可再生能源建筑应用规模迅速扩大，应用技术逐渐成熟、产业竞争力稳步提升。为进一步推动可再生能源在建筑领域规模化、高水平应用，促进绿色建筑发展，加快城乡建设发展模式转型升级，"十二五"期间，财政部、住房城乡建设部进一步加大推广力度，并调整完善相关政策，现就有关事项通知如下。

一、明确"十二五"可再生能源建筑应用推广目标

切实提高太阳能、浅层地能、生物质能等可再生能源在建筑用能中的比重，到2020年，实现可再生能源在建筑领域消费比例占建筑能耗的15%以上。"十二五"期间，开展可再生能源建筑应用集中连片推广，进一步丰富可再生能源建筑应用形式，积极拓展应用领域，力争到2015年底，新增可再生能源建筑应用面积25亿平方米以上，形成常规能源替代能力3000万吨标准煤。

二、切实加大推广力度，加快可再生能源建筑领域大规模应用

"十二五"期间，在可再生能源建筑应用城市示范及农村地区县级示范基础上，加快集中连片、整体推进，充分挖掘应用潜力。

（一）集中连片推进可再生能源建筑应用。为进一步放大政策效应，"十二五"期间，财政部、住房城乡建设部将选择在部分可再生能源资源丰富、地方积极性高、配套政策落实的区域，实行集中连片推广，使可再生能源建筑应用率先实现突破，到2015年重点区域内可再生能源消费量占建筑能耗的比例达到10%以上。各省（区、市、兵团）要在充分评估本地区可再生能源资源条件、建筑用能需求的基础上，提出集中连片推广方案，明确集中推广的重点区域、推广目标、实施计划及保障措施，编制可再生能源建筑应用"十二五"规划，并于2011年4月25日前上报。财政部、住房城乡建设部将在充分论证的基础上，选择确定"十二五"可再生能源建筑应用推广重点区域。可再生能源建筑应用城市及县级示范将优先在上述推广重点区域进行。

（二）进一步抓好可再生能源建筑应用城市示范及农村地区县级示范。"十二五"期间，财政部、住房城乡建设部将继续实施可再生能源建筑应用城市示范及农村地区县级示范。各示范市县在落实具体项目时，要做到统筹规划、集中连片。已批准的可再生能源建筑应用示范市县要抓紧组织实施，在确保完成示范任务的前提下要进一步扩大推广应用，并及时制定实施方案，财政部、住房城乡建设部组织论证后，对符合条件的新增推广面积继续给予财政补助，以鼓励示范市县充分挖掘应用潜

力。对完成推广任务情况好的示范市县，经财政部、住房城乡建设部验收后将予以表彰并授予示范称号；对工作进度缓慢的，将给予通报批评，直至取消示范资格。2011年度新申请示范市县要按照《财政部 住房城乡建设部关于印发可再生能源建筑应用城市示范实施方案的通知》（财建〔2009〕305号）和《财政部 住房城乡建设部关于印发加快推进农村地区可再生能源建筑应用的实施方案的通知》（财建〔2009〕306号）的规定编写申请文件，并由各省（区、市、兵团）审核后与本省（区、市、兵团）集中连片推广方案于2011年4月25日前一并上报财政部、住房城乡建设部。新增示范市县将优先在集中连片推广的重点区域内安排。支持具备条件的绿色能源县开展可再生能源建筑应用工作。

（三）鼓励地方出台强制性推广政策。鼓励有条件的省（区、市、兵团）通过出台地方法规、政府令等方式，对适合本地区资源条件及建筑利用条件的可再生能源技术进行强制推广，进一步加大推广力度，力争"十二五"期间资源条件较好的地区都要制定出台太阳能等强制推广政策。财政部、住房城乡建设部将综合考虑强制推广程度及范围，在确定"十二五"可再生能源建筑应用重点区域时对出台强制性推广政策的地区予以倾斜。

（四）加大在公益性行业及公共机构的推广力度。在抓好地方推广工作的同时，支持在中央部门及其直属单位建筑领域推广应用可再生能源，并鼓励发挥部门的职能优势及行业带动效应，加快完善技术标准，推进所在行业可再生能源建筑应用工作。加大在公益性行业及城乡基础设施推广应用力度，使太阳能等清洁能源更多地惠及民生。积极在国家机关等公共机构推广应用可再生能源，充分发挥示范带动效应。

三、积极推进可再生能源建筑应用技术进步与产业发展

进一步完善支持政策，努力提高可再生能源建筑应用技术水平，并做大做强相关产业，增强产业核心竞争力。

（一）加快新技术推广应用。在抓好成熟技术规模化推广应用的同时，切实加大对太阳能采暖制冷、城镇生活垃圾及污泥沼气利用、工业余热及深层地热能梯级利用等新技术推广应用，以进一步拓展应用领域，提升技术水平。可再生能源新技术应用，列入各地示范任务，中央财政将加大补助力度。

（二）加大技术研发及产业化支持力度。鼓励科研单位、企业联合成立可再生能源建筑应用工程、技术中心，加大科技攻关力度，加快产学研一体化。中央财政安排的可再生能源建筑应用专项资金，支持可再生能源建筑应用重大共性关键技术、产品、设备的研发及产业化，中央财政按研发及产业化实际投入的一定比例对相关企业及科研单位等予以补助，并支持可再生能源建筑应用产品、设备性能检测机构、建筑应用效果检测评估机构等公共服务平台建设。

（三）逐步提高相关产业技术标准要求。为促进行业合理竞争，提升产业集中度，更好地体现择优扶强，住房城乡建设部、财政部将制定可再生能源建筑应用技术、产品、设备推荐目录，提出相关技术标准要求，严格行业准入门槛。各地应主要从目录中选用相关技术、产品、设备用于可再生能源建筑应用项目。住房城乡建设部、财政部将根据技术进步、产业发展情况，及时对目录进行调整，促进产业结构调整与升级。

（四）积极培育能源管理公司等新型市场主体。可再生能源建筑应用工程原则上都要实行建设、运营一体化模式，并采取

合同能源管理、区域能源系统特许经营等市场化推广机制，为能源管理公司发展创造条件。对能源管理公司投资、运营的可再生能源建筑应用项目，可按推广应用面积等直接对能源管理公司予以财政补助。各地要大力培育与可再生能源建筑应用直接相关的资源评估、专业设计、工程咨询、系统集成等配套产业，切实增强产业支撑能力，提高应用水平。

四、以可再生能源建筑应用为抓手，促进绿色建筑发展

各地要充分整合政策资源，发挥资金整体效益，把可再生能源建筑应用与发展绿色建筑相结合，统筹推进。对应用可再生能源并综合利用节能、节地、节水、节材及环境保护技术，达到绿色建筑评价标准的项目，应优先列入示范任务，中央财政将加大补助力度。鼓励在绿色生态城区、绿色重点小城镇建设中，将可再生能源建筑应用比例作为约束指标，积极制定专项规划，集中推广，并按推广应用量相应享受财政补助。

五、切实加强组织实施与政策支持

（一）加强质量控制，建设精品工程。各地要加强可再生能源建筑应用项目资源评估、规划设计、施工验收、运行管理全过程质量管理，应对可再生能源建筑应用部分进行专项施工图审查及竣工验收，并对设备运行情况进行监测。示范市县应委托专门的能效测评机构对可再生能源应用效果进行测评。应切实采取措施对可再生能源项目实行专业化运行管理及系统维护，确保项目稳定高效运行。北方采暖地区示范项目必须安装供热计量装置并实行按用热量计量收费。加强可再生能源建筑应用关键设备、产品的市场监管及工程准入管理。各省（区、市、兵团）住房城乡建设部门要抓紧制定可再生能源建筑应用资源评价方法、设计标准规范、施工工法、图集、运行操作规程等，

指导和规范工程建设运行。

（二）完善配套措施，创新推广模式。地方财政部门要加大支持力度，建立稳定、持续的财政资金投入机制。要创新财政资金使用方式，建立多元化的资金筹措机制，放大资金使用效益。地方住房城乡部门建立可再生能源建筑应用技术评审及咨询服务机制，依托大专院校、科研机构、能源服务公司等，对示范市县特别是示范县进行技术咨询。

各地要高度重视可再生能源建筑应用工作，进一步加强组织领导，建立政府牵头，住房城乡建设、财政、发展改革（能源）、国土、房产等主管部门参加的议事协调机制，统一研究部署可再生能源推广工作中的重大问题。接此通知后要迅速开展方案制定、市县申报等工作，确保按时上报相关材料。

中华人民共和国财政部<br>
中华人民共和国住房和城乡建设部<br>
2011 年 3 月 8 日

# 财政部、建设部关于加强可再生能源建筑应用示范管理的通知

财建〔2007〕38号

有关省、自治区、直辖市、计划单列市财政厅（局），建设厅（委、局）；新疆生产建设兵团财务局、建设局，财政部驻有关省、自治区、直辖市、计划单列市财政监察专员办事处：

根据《建设部、财政部关于推进可再生能源在建筑中应用的实施意见》（建科〔2006〕213号）和《财政部、建设部关于可再生能源建筑应用示范项目资金管理办法》（财建〔2006〕460号），为保证可再生能源建筑应用示范项目的顺利实施，用好、管好可再生能源建筑应用示范项目专项资金，现就加强示范工程项目管理的有关事项通知如下：

一、进一步提高对示范管理工作重要性的认识，加强对示范工作的组织领导

（一）组织实施示范将有效带动可再生能源在建筑领域的推广应用。在建筑领域推广应用太阳能、浅层地能等可再生能源，是满足日益增长的建筑用能需求，促进建筑节能，提高建筑用能效率的现实要求。组织实施可再生能源建筑应用示范，将有助于带动市场需求；促进完善集成技术体系和技术标准，从而有效地推动可再生能源在建筑中的规模化运用。

（二）资金及项目管理工作，是关系示范成效的关键。目前可再生能源建筑应用系统集成技术仍较为落后，加强示范项目的后续管理，做好技术指导与监督管理，有助于保证太阳能、

浅层地能在建筑中得到合理利用，确保示范工程的效果；有助于通过工程示范，总结经验，建立当地的技术标准与技术规范。加强对示范工程财政补助资金的管理，是保证补助资金使用的安全、规范与有效的基本要求。因此，资金及项目管理工作，直接关系着示范工程的成效。

（三）加强对示范管理工作的组织领导。地方建设和财政主管部门应确定专人，对当地可再生能源建筑应用示范项目进行管理和监督，要组织做好对当地示范管理提供技术支撑的工作。各地可再生能源建筑应用示范及推广一定要加强组织领导，结合当地的地质条件，稳步推进，切实防止污染地下水等问题发生。

二、及时拨付资金，确保专款专用，切实加强补助资金监督管理

（一）地方建设部门做好施工图专项审查。《可再生能源建筑应用示范项目实施方案报告》（以下简称《实施方案报告》）和《可再生能源建筑应用示范项目申请报告》（以下简称《申请报告》）已经专家评审并通过，要保证设计环节按《实施方案报告》与《申请报告》执行。设计单位应按照相关技术标准、《实施方案报告》、《申请报告》进行设计并与检测机构进行沟通，做好检测点的预留工作。检测机构认定办法另行通知。审图机构应依据项目承担单位提供的设计文件、《实施方案报告》及《申请报告》等对可再生能源建筑应用示范项目进行专项审查，并提交专项审查报告。地方建设部门根据专项审查报告，并组织专家对技术路线和方案等进行核查后，对达到《实施方案报告》要求的，出具审核同意意见；达不到要求的，责令示范项目承担单位重新修改施工图设计，另行组织审查。对因特

殊情况，需要更改《实施方案报告》内容的，须及时报告财政部、建设部。

（二）地方财政部门组织复核，并及时拨付补助资金。对示范项目是否具备拨款条件，财政部门予以复核，复核内容包括：项目是否具备地方建设部门出具的对审核同意意见；示范项目实际采用的技术支持单位、设备服务商是否与《实施方案报告》、《申请报告》相一致；建筑设计是否达到节能标准，相关设备是否达到国家规定的能效标准等。对通过复核的示范项目，要及时拨付补助资金；补助资金要专项用于购买、安装相关设备等可再生能源建筑应用方面的必需支出。地方财政部门要将补助资金拨付情况及时报告财政部，同时抄送财政部驻当地财政监察专员办事处。

（三）项目承担单位收到补助资金后，必须专账核算，对非经营性建设项目的财政补助按财政拨款有关规定执行，对经营性建设项目的财政补助作为资本公积管理。

（四）财政部驻各地财政专员办事处（以下简称专员办）按属地原则对补助资金进行核查，核查内容包括：

1. 项目承担单位收到补助资金是否专账核算；
2. 补助资金是否专款专用；
3. 地方财政部门是否滞留补助资金；
4. 与补助资金管理、使用有关的其他事项；

对核查发现的问题，除按《财政违法行为处罚处分条例》（国务院令第427号）等有关法律、法规处理、处罚外，核查结果还作为拨付剩余50%补助资金的依据。

三、加强过程控制与管理，确保工程质量

（一）项目承担单位应组织做好工程施工及监理。项目承担单位选择具有相应资质的施工单位、监理单位进行施工和监理。施工单位应严格按照审查合格的施工图设计文件进行施工，应按照设计要求预留检测点，为后期检测评估工作做好准备。监理单位应严格按照审查合格的施工图设计文件和监理合同实施监理，对进入施工现场的相关材料、设备等进行查验，保证产品说明书和产品标识上注明的性能指标符合设计要求。

（二）地方建设、财政部门要切实加强对示范项目实施过程的监管。地方建设、财政部门应在施工过程中，组织好对节能材料质量、设备产品性能、检测点预留等方面的监督检查，要联合当地工程质量检测机构，根据示范工程的进展情况和特殊需要，对示范工程现场和资金使用情况进行现场检查。对示范项目实施过程中出现的问题要及时提出处理意见，并监督相关责任单位落实。要注意总结经验，为制定技术标准及技术规范奠定基础。地方建设、财政部门应于每年5月15日、11月15日分两次向财政部、建设部报告项目实施进展情况，同时抄送当地专员办。

（三）根据示范工程进度，财政部、建设部对示范项目进行不定期的监督检查。根据需要，还将委托组织专家对示范项目进行技术指导，提出优化解决方案，帮助解决施工过程中的问题。

四、严格检测，根据评估和核查结果，实施激励与约束相结合的机制

（一）地方建设、财政部门组织做好项目检测及评估。示范工程竣工后，项目承担单位应先对项目进行预验收，在经地方程序审查后，建设部、财政部委托具备资质的检测机构对示范

工程进行现场检测，检测机构负责对可再生能源建筑应用示范工程进行能效检测，出具检测报告，并对检测报告的真实性、准确性负责。地方建设、财政部门根据检测报告，并结合技术先进、适用可行、经济合理和示范推广等方面组织验收评估，并将验收评估报告报建设部、财政部，同时抄送专员办。

（二）以检测评估和专员办对补助资金的核查结果为依据，确定拨付剩余50%补助资金。建设部、财政部将制定示范工程验收标准。财政部、建设部组织专家组对示范工程评估验收情况进行复核。项目单位应在项目竣工后3日内报告专员办，专员办应在收到报告后20日内，将对补助资金的管理、使用情况的核查结果上报财政部。财政部、建设部将根据检测评估复核结果与资金核查结果，确定拨付剩余50%补助资金。对达到有关标准要求和专员办核查没有发现问题的，财政部将全额拨付剩余50%资金；对未达到标准或专员办核查发现截留、挪用等违法违纪问题的示范项目，将核减补助额度或不予拨付剩余50%补助资金。

（三）地方建设主管部门应加强对示范工程运行能耗的监督、管理。验收评估完以后，示范工程的承担单位或其委托的运行管理单位应建立、健全可再生能源建筑应用的管理制度和操作规程，对建筑物用能系统进行监测、维护，并逐级上报建筑能耗统计报告。

五、积极做好示范工程的经验总结及推广

（一）注意总结当地经验，完善可再生能源建筑应用公共服务体系。地方建设、财政部门要根据示范工程情况，注意研究太阳能、浅层地能的地区适用性，为推广使用地下水源热泵技术等提供依据；研究形成热泵等设备的可持续维护管理模式；研究建立起具体的技术标准及技术规范等。

（二）积极探索，为在建筑领域推广可再生能源打好基础。地方建设、财政主管部门应结合工程示范对管理机制、国家激励政策等提出建议，及时报建设部和财政部，为更大范围地在建筑领域推广应用可再生能源打好基础。

# 铅蓄电池生产及再生
# 污染防治技术政策

## 环境保护部关于发布《铅蓄电池再生及生产污染防治技术政策》和《废电池污染防治技术政策》的公告

2016 年第 82 号

为贯彻《中华人民共和国环境保护法》，完善环境技术管理体系，指导污染防治，保障人体健康和生态安全，引导行业绿色循环低碳发展，环境保护部组织制定了《铅蓄电池生产及再生污染防治技术政策》、修订了《废电池污染防治技术政策》。现予公布，供参照执行。以上文件内容可登录环境保护部网站查询。

自本公告发布之日起，《关于发布〈废电池污染防治技术政策〉的通知》（环发〔2003〕163 号）废止。

附件：
1. 铅蓄电池生产及再生污染防治技术政策
2. 废电池污染防治技术政策

环境保护部
2016 年 12 月 26 日

一、总则

（一）为贯彻《中华人民共和国环境保护法》等法律法规，防治环境污染，保障生态安全和人体健康，规范污染治理和管理行为，引领铅蓄电池行业污染防治技术进步，促进行业的绿色循环低碳发展，制定本技术政策。

（二）本技术政策适用于铅蓄电池生产及再生过程，其中铅蓄电池生产包括铅粉制造、极板制造、涂板、化成、组装等工艺过程，铅蓄电池再生包括破碎分选、脱硫、熔炼等工艺过程。铅蓄电池在收集、运输和贮存等环节的技术管理要求由《废电池污染防治技术政策》规定。

（三）本技术政策为指导性文件，主要包括源头控制和生产过程污染防控、大气污染防治、水污染防治、固体废物利用与处置、鼓励研发的新技术等内容，为铅蓄电池行业环境保护相关规划、环境影响评价等环境管理和企业污染防治工作提供技术指导。

（四）铅蓄电池生产及再生应加大产业结构调整和产品优化升级力度，合理规划产业布局，进一步提高产业集中度和规模化水平。

（五）铅蓄电池生产及再生应遵循全过程污染控制原则，以重金属污染物减排为核心，以污染预防为重点，积极推进源头减量替代，突出生产过程控制，规范资源再生利用，健全环境风险防控体系，强制清洁生产审核，推进环境信息公开。

（六）铅蓄电池行业应对含铅废气、含铅废水、含铅废渣及硫酸雾等进行重点防治，防止累积性污染，鼓励铅蓄电池企业达到一级清洁生产水平。

二、源头控制与生产过程污染防控

（一）铅蓄电池企业原料的运输、贮存和备料等过程应采取措施，防止物料扬撒，不应露天堆放原料及中间产品。

（二）优化铅蓄电池产品的生态设计，逐步减少或淘汰铅蓄电池中镉、砷等有毒有害物质的使用。

（三）铅蓄电池生产过程中的熔铅、铸板及铅零件工序应在封闭车间内进行，产生烟尘的部位应设局部负压设施，收集的废气进入废气处理设施。根据产品类型的不同，应采用连铸连轧、连冲、拉网、压铸或者集中供铅（指采用一台熔铅炉为两台以上铸板机供铅）的重力浇铸板栅制造技术。铅合金配制与熔铅过程鼓励使用铅减渣剂，以减少铅渣的产生量。

（四）铅粉制造工序应采用全自动密封式铅粉机；和膏工序（包括加料）应使用自动化设备，在密闭状态下生产；涂板及极板传送工序应配备废液自动收集系统；生产管式极板应使用自动挤膏机或封闭式全自动负压灌粉机。

（五）分板、刷板（耳）工序应设在封闭的车间内，采用机械化分板、刷板（耳）设备，保持在局部负压条件下生产；包板、称板、装配、焊接工序鼓励采用自动化设备，并保持在局部负压条件下生产，鼓励采用无铅焊料。

（六）供酸工序应采用自动配酸、密闭式酸液输送和自动灌酸；应配备废液自动收集系统并进行回收或处置。

（七）化成工序鼓励采用内化成工艺，该工序应设在封闭车间内，并配备硫酸雾收集处理装置。新建企业应采用内化成工艺。

（八）废铅蓄电池拆解应采用机械破碎分选的工艺、技术和设备，鼓励采用全自动破碎分选技术与装备，加强对原料场及各生产工序无组织排放的控制。分选出的塑料、橡胶等应清洗和分离干净，减少对环境的污染。

（九）再生铅企业应对带壳废铅蓄电池进行预处理，废铅膏与铅栅应分别熔炼；对分选出的铅膏应进行脱硫处理；熔炼工序应采用密闭熔炼、低温连续熔炼、多室熔炼炉熔炼等技术，并在负压条件下生产，防止废气逸出；铸锭工序应采用机械化铸锭技术。

（十）废铅蓄电池的废酸应回收利用，鼓励采用离子交换或离子膜反渗透等处理技术；废塑料、废隔板纸和废橡胶的分选、清洗、破碎和干燥等工艺应遵循先进、稳定、无二次污染的原则，采用节水、节能、高效、低污染的技术和设备，鼓励采用自动化作业。

三、大气污染防治

（一）鼓励采用袋式除尘、静电除尘或袋式除尘与湿式除尘（如水幕除尘、旋风除尘）等组合工艺处理铅烟；鼓励采用袋式除尘、静电除尘、滤筒除尘等组合工艺技术处理铅尘。鼓励采用高密度小孔径滤袋、微孔膜复合滤料等新型滤料的袋式除尘器及其他高效除尘设备。应采取严格措施控制废气无组织排放。

（二）再生铅熔炼过程中，应控制原料中氯含量，鼓励采用烟气急冷、功能材料吸附、催化氧化等技术控制二噁英等污染物的排放。

（三）再生铅熔炼过程产生的硫酸雾应采用冷凝回流或物理捕捉加逆流碱液洗涤等技术进行处理。

四、水污染防治

（一）废水收集输送应雨污分流，生产区内的初期雨水应进行单独收集并处理。生产区地面冲洗水、厂区内洗衣废水和淋浴水应按含铅废水处理，收集后汇入含铅废水处理设施，处理后达标排放或循环利用，不得与生活污水混合处理。

（二）含重金属（铅、镉、砷等）生产废水，应在其产生车间或生产设施进行分质处理或回用，经处理后实现车间、处理设施和总排口的一类污染物的稳定达标；其他污染物在厂区总排放口应达到法定要求排放；鼓励生产废水全部循环利用。

（三）含重金属（铅、镉、砷等）废水，按照其水质及排放要求，可采用化学沉淀法、生物制剂法、吸附法、电化学法、膜分离法、离子交换法等组合工艺进行处理。

五、固体废物利用与处置

（一）再生铅熔炼产生的熔炼浮渣、合金配制过程中产生的合金渣应返回熔炼工序；除尘工艺收集的不含砷、镉的烟（粉）尘应密闭返回熔炼配料系统或直接采用湿法提取有价金属。

（二）鼓励废铅蓄电池再生企业推进技术升级，提高再生铅熔炼各工序中铅、锑、砷、镉等元素的回收率，严格控制重金属排放量。

（三）废铅蓄电池再生过程中产生的铅尘、废活性炭、废水处理污泥、含铅废旧劳保用品（废口罩、手套、工作服等）、带铅尘包装物等含铅废物应送有危险废物经营许可证的单位进行处理。

六、鼓励研发的新技术

（一）减铅、无镉、无砷铅蓄电池生产技术。

（二）自动化电池组装、快速内化成等铅蓄电池生产技术。

（三）卷绕式、管式等新型结构密封动力电池、新型大容量密封铅蓄电池等生产技术。

（四）新型板栅材料、电解沉积板栅制造技术及铅膏配方。

（五）干、湿法熔炼回收铅膏、直接制备氧化铅技术及熔炼渣无害化综合利用技术。

（六）废气、废水及废渣中重金属高效去除及回收技术。

（七）废气、废水中铅、镉、砷等污染物快速检测与在线监测技术。

# 关于加强铅蓄电池及再生铅行业污染防治工作的通知

环发〔2011〕56号

各省、自治区、直辖市环境保护厅（局）：

近期铅蓄电池及再生铅行业引发的铅污染事件呈高发态势，严重威胁群众健康，引起全社会广泛关注。为进一步贯彻落实《国务院办公厅转发环境保护部等部门关于加强重金属污染防治工作指导意见的通知》、《重金属污染综合防治"十二五"规划》（以下简称《规划》），切实加强铅蓄电池（包括铅蓄电池加工（含电极板）、组装、回收）及再生铅行业的污染防治工作，保护群众身体健康，促进社会和谐稳定，现就有关工作通知如下：

一、严格环境准入，新建涉铅的建设项目必须有明确的铅污染物排放总量来源。各省（区、市）环保厅（局）要根据《规划》目标对本省（区、市）的所有新建涉铅的项目进行统筹考虑，禁止在《规划》划定的重点区域、重要生态功能区和因铅污染导致环境质量不能稳定达标区域内新、改、扩建增加铅污染物排放的项目；非重点区域的新、改、扩建铅蓄电池及再生铅项目必须遵循铅污染物排放"减量置换"的原则，且应有明确具体的铅污染物排放量的来源；对于现有铅蓄电池或再生铅企业，未依法落实防护距离的，应立即责令停止生产，限期整改，经地级市以上环保部门检查合格后方可恢复生产。铅蓄电池生产及再生铅冶炼企业的建设项目环境影响评价由省级或省级以上环境保护主管部门审批。

二、进一步规范企业日常环境管理,确保污染物稳定达标排放。铅蓄电池企业应切实采取有效措施对极板铸造、合膏、涂片、化成等工艺进行全面污染治理,必须建设完善的铅烟、铅尘、酸雾和废水收集、处理设施,并保证污染治理设施正常稳定运行,达标排放,减少无组织排放。严禁将铅蓄电池破碎产生的废酸液未经处理直接排放,铅蓄电池及再生铅企业生产过程中产生的废渣及污泥等危险废物必须委托持有危险废物经营许可证的单位进行安全处置,严格执行危险废物转移联单制度。接触铅烟、铅尘的废弃劳动保护用品应按照危险废物进行管理。

铅蓄电池及再生铅企业要制定完善的环保规章制度和重金属污染环境应急预案,定期开展环境应急培训和演练。铅蓄电池及再生铅企业要进一步规范物料堆放场、废渣场、排污口的管理,逐步安装铅在线监测设施并与当地环保部门联网,未安装在线监测设施的企业必须具有完善的自行监测能力,建立铅污染物的日监测制度,每月向当地环保部门报告。

三、完善基础工作,严格企业环境监管。按照《规划》要求,2012年年底前要全面建立企业环境管理档案。地方环保部门应建立健全铅蓄电池及再生铅企业档案和信息数据库,实施重点监管,通过环保验收正式投入生产的建设项目必须及时纳入数据库,已经被淘汰、取缔关闭的企业要定期注销;企业生产、日常环境管理、清洁生产、治理设施运行情况、在线自动监测装置安装及联网情况、监测数据、污染事故、环境应急预案、环境执法等情况要纳入数据库,实施综合分析、动态管理。

建立铅蓄电池及再生铅企业的监督检查台账。

地方各级环保部门应按照《关于加强重金属污染环境监测工作的意见》（环办〔2011〕52号）的要求对辖区内所有铅蓄电池及再生铅企业开展监督性监测，重点检查物料的管理、重金属污染物处置和应急处置设施情况等。全面开展清洁生产审核，对现有铅蓄电池及再生铅企业每两年进行一次强制性清洁生产审核。

地方各级环保部门要认真贯彻落实我部《关于进一步规范监督管理严格开展上市公司环保核查工作的通知》（环办〔2011〕14号）的有关规定，加大对企业环境安全隐患的现场排查和监督整改力度，对于存在环境安全隐患的重金属排放企业，须待其全部完成整改且经现场核实确认隐患消除后，才可出具同意的核查初审意见或核查意见。

四、进一步加大执法力度，采取严格措施整治违法企业。各级环保部门要进一步加大铅蓄电池及再生铅企业的执法监察力度，严格按照环保专项行动工作方案的要求，对未经环境影响评价或达不到环境影响评价要求的，一律停止建设；对环境保护"三同时"执行不到位的，一律停止生产；对无污染治理设施、污染治理设施不正常运行或超标排放的，一律停产整治；对无危险废物经营许可证从事废铅蓄电池回收的，一律停止非法经营活动。对污染严重、群众反映强烈、长期未得到解决的典型环境违法问题实施挂牌督办和责任追究。

五、实施信息公开，接受社会监督。各级环保部门应建立企业环境信息披露制度，铅蓄电池及再生铅企业应每年向社会发布企业年度环境报告，公布铅污染物排放和环境管理等情况。

各地要按照《关于2011年深入开展整治违法排污企业保障群众健康环保专项行动的通知》要求，在2011年7月30日前，在省（区、市）环保厅（局）网站上公布辖区内所有铅蓄电池及再生铅企业名单、地址，以及产能、生产工艺、清洁生产和污染物排放情况，并将公布情况报送我部。

六、建立重金属污染责任终身追究制。对于发生重大铅污染以及由铅污染引发群体性事件的地区，我部将对该区域所在地级市实行区域限批，暂停该市所有建设项目的环评审批。对造成环境危害的肇事企业要立即责令停产，停止排放污染物。因重金属污染造成群发性健康危害事件或造成特大环境污染事故的，要依法对造成环境危害的企业负责人及相关责任人追究刑事责任。要从企业的立项、审批、验收、生产和监管各环节，依法依纪对当地政府以及有关部门责任人员实施问责，严肃追究相关责任单位和责任人员的行政责任。造成较大影响的，取消其三年内在环保系统评先资格。今后凡发生重金属污染事件的地区，当地政府主要领导应承担领导责任。

自本通知发布之日起，凡发生重特大铅污染事件以及由铅污染引发群体性事件的国家环境保护模范城市和生态建设示范区，一律立即撤销其国家环境保护模范城市和生态建设示范区称号，三年内不再受理其申请。

七、逐步建立环境污染责任保险制度。引进市场机制，推进保险经纪中介服务，推行铅蓄电池和再生铅行业的环境污染责任保险制度，位于重点区域的重点企业及环境风险较大的生产企业应购买环境污染责任保险。环境污染责任保险将与重金属污染防治专项资金挂钩。

八、加强宣传力度，把回收废铅蓄电池变成每个公民的自觉行动。让更多群众了解废铅蓄电池的危险性、回收的重要意义，把回收废铅蓄电池变成每个公民的自觉行动，抵制将铅蓄电池卖给流动商贩，自觉将置换下来的废铅蓄电池交给4S店或维修店。

2011 年 5 月 18 日

# 可再生能源发电有关管理规定

国家发展改革委
关于印发《可再生能源发电
有关管理规定》的通知
发改能源〔2006〕13号

各省、自治区、直辖市及计划单列市、新疆生产建设兵团发展改革委、经委（经贸委）、物价局，中国人民银行，电监会，国家电网公司、南方电网公司，中国华能集团公司、中国大唐集团公司、中国华电集团公司、中国国电集团公司、中国电力投资集团公司、中国长江三峡工程开发总公司、神华集团有限责任公司、国家开发投资公司，国家开发银行、中国工商银行、中国建设银行、中国银行、中国农业银行、中国民生银行：

为了贯彻落实《中华人民共和国可再生能源法》，规范可再生能源发电项目管理，促进我国可再生能源发电产业的更快发展，特制定《可再生能源发电有关管理规定》，现印发你们，请按照执行。

中华人民共和国国家发展和改革委员会

二〇〇六年一月五日

## 第一章 总 则

第一条 为了促进可再生能源发电产业的发展，依据《中华人民共和国可再生能源法》和《中华人民共和国电力法》，特制定本规定。

第二条 本规定所称的可再生能源发电包括：水力发电、风力发电、生物质发电（包括农林废弃物直接燃烧和气化发电、垃圾焚烧和垃圾填埋气发电、沼气发电）、太阳能发电、地热能发电以及海洋能发电等。

第三条 依照法律和国务院规定取得行政许可的可再生能源并网发电项目和电网尚未覆盖地区的可再生能源独立发电项目适用本规定。

第四条 可再生能源发电项目实行中央和地方分级管理。

国家发展和改革委员会负责全国可再生能源发电项目的规划、政策制定和需国家核准或审批项目的管理。省级人民政府能源主管部门负责本辖区内属地方权限范围内的可再生能源发电项目的管理工作。

可再生能源发电规划应纳入同级电力规划。

## 第二章 项目管理

**第五条** 可再生能源开发利用要坚持按规划建设的原则。可再生能源发电规划的制定要充分考虑资源特点、市场需求和生态环境保护等因素,要注重发挥资源优势和规模效益。项目建设要符合省级以上发展规划和建设布局的总体要求,做到合理有序开发。

**第六条** 主要河流上建设的水电项目和 25 万千瓦及以上水电项目,5 万千瓦及以上风力发电项目,由国家发展和改革委员会核准或审批。其他项目由省级人民政府投资主管部门核准或审批,并报国家发展和改革委员会备案。需要国家政策和资金支持的生物质发电、地热能发电、海洋能发电和太阳能发电项目向国家发展和改革委员会申报。

**第七条** 可再生能源发电项目的上网电价,由国务院价格主管部门根据不同类型可再生能源发电的特点和不同地区的情况,按照有利于促进可再生能源开发利用和经济合理的原则确定,并根据可再生能源开发利用技术的发展适时调整和公布。

实行招标的可再生能源发电项目的上网电价,按照中标确定的价格执行;电网企业收购和销售非水电可再生能源电量增加的费用在全国范围内由电力用户分摊,具体办法另行制定。

**第八条** 国家发展和改革委员会负责制定可再生能源发电统计管理办法。省级人民政府能源主管部门负责可再生能源发电的统计管理和汇总,并于每年 2 月 10 日前上报国家发展和改革委员会。

**第九条** 国家电力监管委员会负责可再生能源发电企业的运营监管工作，协调发电企业和电网企业的关系，对可再生能源发电、上网和结算进行监管。

## 第三章 电网企业责任

**第十条** 省级（含）以上电网企业应根据省级（含）以上人民政府制定的可再生能源发电中长期规划，制定可再生能源发电配套电网设施建设规划，并纳入国家和省级电网发展规划，报省级人民政府与国家发展和改革委员会批准后实施。

**第十一条** 电网企业应当根据规划要求，积极开展电网设计和研究论证工作，根据可再生能源发电项目建设进度和需要，进行电网建设与改造，确保可再生能源发电全额上网。

**第十二条** 可再生能源并网发电项目的接入系统，由电网企业建设和管理。

对直接接入输电网的水力发电、风力发电、生物质发电等大中型可再生能源发电项目，其接入系统由电网企业投资，产权分界点为电站（场）升压站外第一杆（架）。

对直接接入配电网的太阳能发电、沼气发电等小型可再生能源发电项目，其接入系统原则上由电网企业投资建设。发电企业（个人）经与电网企业协商，也可以投资建设。

**第十三条** 电网企业负责对其所收购的可再生能源电量进行计量、统计，省级电网企业应于每年1月20日前汇总报送省级人民政府能源主管部门，并抄报国家发展和改革委员会。

## 第四章 发电企业责任

**第十四条** 发电企业应当积极投资建设可再生能源发电项目,并承担国家规定的可再生能源发电配额义务。发电配额指标及管理办法另行规定。

大型发电企业应当优先投资可再生能源发电项目。

**第十五条** 可再生能源发电项目建设、运行和管理应符合国家和电力行业的有关法律法规、技术标准和规程规范,注重节约用地,满足环保、安全等要求。

**第十六条** 发电企业应按国家可再生能源发电项目管理的有关规定,认真做好设计、用地、水资源、环保等有关前期准备工作,依法取得行政许可,未经许可不得擅自开工建设。

获得行政许可的项目,应在规定的期限内开工和建成发电。未经原项目许可部门同意,不得对项目进行转让、拍卖或变更投资方。

**第十七条** 可再生能源发电项目建设,应当严格执行国家基本建设项目管理的有关规定,落实环境保护、生态建设、水土保持等措施,加强施工管理,确保工程质量。

**第十八条** 发电企业应该安装合格的发电计量系统,并在每年的1月15日前将上年度的装机容量、发电量及上网电量上报省级人民政府能源主管部门。

## 第五章 附　则

**第十九条** 电网企业和发电企业发生争议,可以根据事由向国家发展和改革委员会或国家电力监管委员会申请调解，不接受调解的，可以通过民事诉讼裁处。

第二十条　不执行本规定造成企业和国家损失的，由国家发展和改革委员会或省级人民政府委托的审计事务所进行审查核定损失，按照核定的损失额赔偿损失。有关罚款办法另行制定。

第二十一条　本规定自发布之日起执行。

第二十二条　本规定由国家发展和改革委员会负责解释。

# 附 录

## 可再生能源发电价格和费用分摊管理试行办法

### 国家发展改革委关于印发《可再生能源发电价格和费用分摊管理试行办法》的通知

发改价格〔2006〕7号

各省、自治区、直辖市发展改革委、物价局、电力公司，国家电网公司、南方电网公司：

为促进可再生能源的开发利用，根据《中华人民共和国可再生能源法》，我委研究制定了《可再生能源发电价格和费用分摊管理试行办法》，现印发你们，请按照执行。对执行中出现问题，请及时报告我委。

国家发展和改革委员会
二〇〇六年一月四日

### 第一章 总 则

第一条 为促进可再生能源发电产业的发展，依据《中华人民共和国可再生能源法》和《价格法》，特制定本办法。

第二条 本办法的适用范围为：风力发电、生物质发电

(包括农林废弃物直接燃烧和气化发电、垃圾焚烧和垃圾填埋气发电、沼气发电)、太阳能发电、海洋能发电和地热能发电。水力发电价格暂按现行规定执行。

第三条 中华人民共和国境内的可再生能源发电项目，2006年及以后获得政府主管部门批准或核准建设的，执行本办法；2005年12月31日前获得政府主管部门批准或核准建设的，仍执行现行有关规定。

第四条 可再生能源发电价格和费用分摊标准本着促进发展、提高效率、规范管理、公平负担的原则制定。

第五条 可再生能源发电价格实行政府定价和政府指导价两种形式。政府指导价即通过招标确定的中标价格。

可再生能源发电价格高于当地脱硫燃煤机组标杆上网电价的差额部分，在全国省级及以上电网销售电量中分摊。

## 第二章 电价制定

第六条 风力发电项目的上网电价实行政府指导价，电价标准由国务院价格主管部门按照招标形成的价格确定。

第七条 生物质发电项目上网电价实行政府定价的，由国务院价格主管部门分地区制定标杆电价，电价标准由各省（自治区、直辖市）2005年脱硫燃煤机组标杆上网电价加补贴电价组成。补贴电价标准为每千瓦时0.25元。发电项目自投产之日起，15年内享受补贴电价；运行满15年后，取消补贴电价。自2010年起，每年新批准和核准建设的发电项目的补贴电价比上一年新批准和核准建设项目的补贴电价递减2%。发电消耗热量中常规能源超过20%的混燃发电项目，视同常规能源发电项目，执行当地燃煤电厂的标杆电价，不享受补贴电价。

**第八条** 通过招标确定投资人的生物质发电项目，上网电价实行政府指导价，即按中标确定的价格执行，但不得高于所在地区的标杆电价。

**第九条** 太阳能发电、海洋能发电和地热能发电项目上网电价实行政府定价，其电价标准由国务院价格主管部门按照合理成本加合理利润的原则制定。

**第十条** 公共可再生能源独立电力系统，对用户的销售电价执行当地省级电网的分类销售电价。

**第十一条** 鼓励电力用户自愿购买可再生能源电量，电价按可再生能源发电价格加上电网平均输配电价执行。

### 第三章 费用支付和分摊

**第十二条** 可再生能源发电项目上网电价高于当地脱硫燃煤机组标杆上网电价的部分、国家投资或补贴建设的公共可再生能源独立电力系统运行维护费用高于当地省级电网平均销售电价的部分，以及可再生能源发电项目接网费用等，通过向电力用户征收电价附加的方式解决。

**第十三条** 可再生能源电价附加向省级及以上电网企业服务范围内的电力用户（包括省网公司的趸售对象、自备电厂用户、向发电厂直接购电的大用户）收取。地县自供电网、西藏地区以及从事农业生产的电力用户暂时免收。

**第十四条** 可再生能源电价附加由国务院价格主管部门核定，按电力用户实际使用的电量计收，全国实行统一标准。

**第十五条** 可再生能源电价附加计算公式为：可再生能源电价附加＝可再生能源电价附加总额/全国加价销售电量可再生能源电价附加总额＝Σ〔（可再生能源发电价格－当地省级电网脱

硫燃煤机组标杆电价）×电网购可再生能源电量+（公共可再生能源独立电力系统运行维护费用-当地省级电网平均销售电价×公共可再生能源独立电力系统售电量）+可再生能源发电项目接网费用以及其他合理费用〕其中：（1）全国加价销售电量=规划期内全国省级及以上电网企业售电总量-农业生产用电量-西藏电网售电量。（2）电网购可再生能源电量=规划的可再生能源发电量-厂用电量。（3）公共可再生能源独立电力系统运行维护费用=公共可再生能源独立电力系统经营成本×（1+增值税率）。（4）可再生能源发电项目接网费用以及其他合理费用是指专为可再生能源发电项目接入电网系统而发生的工程投资和运行维护费用，以政府有关部门批准的设计文件为依据。在国家未明确输配电成本前，暂将接入费用纳入可再生能源电价附加中计算。

第十六条 按照省级电网企业加价销售电量占全国电网加价销售电量的比例，确定各省级电网企业应分摊的可再生能源电价附加额。计算公式为：各省级电网企业应分摊的电价附加额=全国可再生能源电价附加总额×省级电网企业服务范围内的加价售电量/全国加价销售电量

第十七条 可再生能源电价附加计入电网企业销售电价，由电网企业收取，单独记账，专款专用。所涉及的税收优惠政策，按国务院规定的具体办法执行。

第十八条 可再生能源电价附加由国务院价格主管部门根据可再生能源发展的实际情况适时调整，调整周期不少于一年。

第十九条 各省级电网企业实际支付的补贴电费以及发生的可再生能源发电项目接网费用，与其应分摊的可再生能源电价附加额的差额，在全国范围内实行统一调配。具体管理办法

由国家电力监管部门根据本办法制定，报国务院价格主管部门核批。

## 第四章 附 则

第二十条 可再生能源发电企业和电网企业必须真实、完整地记载和保存可再生能源发电上网交易电量、价格和金额等有关资料，并接受价格主管部门、电力监管机构及审计部门的检查和监督。

第二十一条 不执行本办法的有关规定，对企业和国家利益造成损失的，由国务院价格主管部门、电力监管机构及审计部门进行审查，并追究主要责任人的责任。

第二十二条 本办法自2006年1月1日起执行。

第二十三条 本办法由国家发展和改革委员会负责解释。

# 可再生能源发电全额保障性收购管理办法

国家发展改革委关于印发
《可再生能源发电全额保障性收购管理办法》的通知
发改能源〔2016〕625号

各省、自治区、直辖市、新疆生产建设兵团发展改革委（能源局）、经信委（工信委、工信厅），国家能源局各派出机构，国家电网公司、南方电网公司、内蒙古电力（集团）有限责任公司，华能、大唐、华电、国电、国电投、神华、三峡、华润、中核、中广核、中国节能集团公司：

为贯彻落实《中共中央 国务院关于进一步深化电力体制改革的若干意见》（中发（2015）9号）及相关配套文件要求，根据《可再生能源法》，我们编制了《可再生能源发电全额保障性收购管理办法》，现印发你们，请按照执行。

国家发展改革委
2016年3月24日

## 第一章 总 则

**第一条** 为贯彻落实《中共中央国务院关于进一步深化电力体制改革的若干意见》（中发〔2015〕9号）及相关配套文件

的有关要求，加强可再生能源发电全额保障性收购管理，保障非化石能源消费比重目标的实现，推动能源生产和消费革命，根据《中华人民共和国可再生能源法》等法律法规，制定本办法。

第二条 本办法适用于风力发电、太阳能发电、生物质能发电、地热能发电、海洋能发电等非水可再生能源。水力发电参照执行。

## 第二章 全额保障性收购

第三条 可再生能源发电全额保障性收购是指电网企业（含电力调度机构）根据国家确定的上网标杆电价和保障性收购利用小时数，结合市场竞争机制，通过落实优先发电制度，在确保供电安全的前提下，全额收购规划范围内的可再生能源发电项目的上网电量。

水力发电根据国家确定的上网标杆电价（或核定的电站上网电价）和设计平均利用小时数，通过落实长期购售电协议、优先安排年度发电计划和参与现货市场交易等多种形式，落实优先发电制度和全额保障性收购。根据水电特点，为促进新能源消纳和优化系统运行，水力发电中的调峰机组和大型机组享有靠前优先顺序。

第四条 各电网企业和其他供电主体（以下简称电网企业）承担其电网覆盖范围内，按照可再生能源开发利用规划建设、依法取得行政许可或者报送备案、符合并网技术标准的可再生能源发电项目全额保障性收购的实施责任。

第五条 可再生能源并网发电项目年发电量分为保障性

收购电量部分和市场交易电量部分。其中，保障性收购电量部分通过优先安排年度发电计划、与电网公司签订优先发电合同（实物合同或差价合同）保障全额按标杆上网电价收购；市场交易电量部分由可再生能源发电企业通过参与市场竞争方式获得发电合同，电网企业按照优先调度原则执行发电合同。

第六条　国务院能源主管部门会同经济运行主管部门对可再生能源发电受限地区，根据电网输送和系统消纳能力，按照各类标杆电价覆盖区域，参考准许成本加合理收益，核定各类可再生能源并网发电项目保障性收购年利用小时数并予以公布，并根据产业发展情况和可再生能源装机投产情况对各地区各类可再生能源发电保障性收购年利用小时数适时进行调整。地方有关主管部门负责在具体工作中落实该小时数，可再生能源并网发电项目根据该小时数和装机容量确定保障性收购年上网电量。根据该小时数和装机容量确定保障性收购年上网电量。

第七条　不存在限制可再生能源发电情况的地区，电网企业应根据其资源条件保障可再生能源并网发电项目发电量全额收购。

第八条　生物质能、地热能、海洋能发电以及分布式光伏发电项目暂时不参与市场竞争，上网电量由电网企业全额收购；各类特许权项目、示范项目按特许权协议或技术方案明确的利用小时数确定保障性收购年利用小时数。

第九条　保障性收购电量范围内，受非系统安全因素影响，非可再生能源发电挤占消纳空间和输电通道导致的可再

— 123 —

生能源并网发电项目限发电量视为优先发电合同转让至系统内优先级较低的其他机组，由相应机组按影响大小承担对可再生能源并网发电项目的补偿费用，并做好与可再生能源调峰机组优先发电的衔接。计入补偿的限发电量最大不超过保障性收购电量与可再生能源实际发电量的差值。保障性收购电量范围内的可再生能源优先发电合同不得主动通过市场交易转让。

因并网线路故障（超出设计标准的自然灾害等不可抗力造成的故障除外）、非计划检修导致的可再生能源并网发电项目限发电量由电网企业承担补偿。

由于可再生能源资源条件造成实际发电量达不到保障发电量以及因自身设备故障、检修等原因造成的可再生能源并网发电项目发电量损失由可再生能源发电项目自行承担，不予补偿。可再生能源发电由于自身原因，造成不能履行的发电量应采用市场竞争的方式由各类机组竞价执行。量以及因自身设备故障、检修等原因造成的可再生能源并网发电项目发电量损失由可再生能源发电项目自行承担，不予补偿。可再生能源发电由于自身原因，造成不能履行的发电量应采用市场竞争的方式由各类机组竞价执行。

可再生能源并网发电项目保障性收购电量范围内的限电补偿费用标准按项目所在地对应的最新可再生能源上网标杆电价或核定电价执行。

**第十条** 电网企业协助电力交易机构（未设立交易机构地区由电网企业负责）负责根据限发时段电网实际运行情况，参照调度优先级由低到高顺序确定承担可再生能源并网发电项目限发电量补偿费用的机组范围（含自备电厂），并根据相应机组实际发电量大小分摊补偿费用。保障性收购电量范围内限发电量及补偿费用分摊情况按月统计报送国务院能源主管部门派出机构和省级经济运行主管部门备案，限发电量补偿分摊可根据实际发电情况在月度间滚动调整，并按年度结算相关费用。

第十一条　鼓励超出保障性收购电量范围的可再生能源发电量参与各种形式的电力市场交易，充分发挥可再生能源电力边际成本低的优势，通过市场竞争的方式实现优先发电，促进可再生能源电力多发满发。

对已建立电力现货市场交易机制的地区，鼓励可再生能源发电参与现货市场和中长期电力合约交易，优先发电合同逐步按现货交易及相关市场规则以市场化方式实现；参与市场交易的可再生能源发电量按照项目所在地的补贴标准享受可再生能源电价补贴。

## 第三章　保障措施

第十二条　国务院能源主管部门按照全国可再生能源开发利用规划，确定在规划期内应当达到的可再生能源发电量占全部发电量的比重。省级能源主管部门会同经济运行主管部门指导电网企业制定落实可再生能源发电量比重目标的措施，并在年度发电计划和调度运行方式安排中予以落实。

第十三条　省级经济运行主管部门在制定发电量计划时，严格落实可再生能源优先发电制度，使可再生能源并网发电项目保障性收购电量部分通过充分安排优先发电并严格执行予以保障。发电计划须预留年内计划投产可再生能源并网发电项目的发电计划空间,在年度建设规模内的当年新投产项目按投产时间占全年比重确定保障性收购年利用小时数。

**第十四条** 电网企业应按照本办法与可再生能源并网发电项目企业在每年第四季度签订可再生能源优先发电合同。

**第十五条** 电网企业应按照节能低碳电力调度原则,依据有关部门制定的市场规则,优先执行可再生能源发电计划和可再生能源电力交易合同,保障风能、太阳能、生物质能等可再生能源发电享有最高优先调度等级,不得要求可再生能源项目向优先级较低的发电项目支付费用的方式实现优先发电。电网企业应与可再生能源发电企业在共同做好可再生能源功率预测预报的基础上,将发电计划和合同分解到月、周、日、小时等时段,优先安排可再生能源发电。

**第十六条** 电网企业应建立完善适应高比例可再生能源并网的调度运行机制,充分挖掘系统调峰潜力,科学安排机组组合,合理调整旋转备用容量,逐步改变按省平衡的调度方式,扩大调度平衡范围。各省(区、市)有关部门和省级电网企业应积极配合,促进可再生能源跨省跨区交易,合理扩大可再生能源电力消纳范围。

**第十七条** 风电、太阳能发电等可再生能源发电企业应配合电网企业加强功率预测预报工作,提高短期和中长期预测水平,按相关规定向电网企业或电力交易机构提交预报结果,由电网企业统筹确定网内可再生能源发电预测曲线,确保保障性收购电量的分解落实,并促进市场交易电量部分多发满发。可再生能源发电企业应按有关规定参与辅助服务费用分摊。

**第十八条** 建立供需互动的需求侧响应机制，形成用户参与辅助服务分担共享机制。鼓励通过价格手段引导电力用户优化用电负荷特性，实现负荷移峰填谷。鼓励用户参与调峰调频等辅助服务，提高系统的灵活性和可再生能源消纳能力。电负荷特性，实现负荷移峰填谷。鼓励用户参与调峰调频等辅助服务，提高系统的灵活性和可再生能源消纳能力。

## 第四章 监督管理

**第十九条** 国务院能源主管部门及派出机构履行可再生能源发电全额保障性收购的监管责任。

**第二十条** 国务院能源主管部门派出机构应会同省级经济运行主管部门，根据本办法，结合本地实际情况，制定实施细则，报国家发展改革委、国家能源局同意后实施。

**第二十一条** 国务院能源主管部门派出机构会同省级能源主管部门和经济运行主管部门负责对电网企业与可再生能源并网发电项目企业签订优先发电合同情况和执行情况进行监管。

**第二十二条** 可再生能源并网发电项目限发电量由电网企业和可再生能源发电企业协助电力交易机构按国家有关规定的进行计算统计。对于可再生能源并网发电项目限发电量及补偿费用分摊存在异议的，可由国务院能源主管部门派出机构会同省级经济运行主管部门协调。

**第二十三条** 对于发生限制可再生能源发电的情况，电网企业应及时分析原因，并保留相关运行数据，以备监管机构检查。相关情况由国务院能源主管部门及派出机构定期向社会公布。

## 第五章 附 则

**第二十四条** 本办法由国家发展改革委、国家能源局负责解释,并根据电力体制改革和电力市场建设情况适时修订。

**第二十五条** 本办法自发布之日起施行。

**第二十四条** 本办法由国家发展改革委、国家能源局负责解释,并根据电力体制改革和电力市场建设情况适时修订。

**第二十五条** 本办法自发布之日起施行。

# 电网企业全额收购可再生能源电量监管办法

国家电力监管委员会令

第 25 号

《电网企业全额收购可再生能源电量监管办法》已经 2007 年 7 月 17 日国家电力监管委员会主席办公会议审议通过,现予公布,自 2007 年 9 月 1 日起施行。

国家电力监管委员会主席
2007 年 7 月 25 日

## 第一章 总 则

**第一条** 为了促进可再生能源并网发电,规范电网企业全额收购可再生能源电量行为,根据《中华人民共和国可再生能源法》、《电力监管条例》和国家有关规定,制定本办法。

**第二条** 本办法所称可再生能源发电是指水力发电、风力发电、生物质发电、太阳能发电、海洋能发电和地热能发电。

前款所称生物质发电包括农林废弃物直接燃烧发电、农林废弃物气化发电、垃圾焚烧发电、垃圾填埋气发电、沼气发电。

**第三条** 国家电力监管委员会及其派出机构(以下简称电力监管机构)依照本办法对电网企业全额收购其电网覆盖范围内可再生能源并网发电项目上网电量的情况实施监管。

**第四条** 电力企业应当依照法律、行政法规和规章的有关规定，从事可再生能源电力的建设、生产和交易，并依法接受电力监管机构的监管。

电网企业全额收购其电网覆盖范围内可再生能源并网发电项目上网电量，可再生能源发电企业应当协助、配合。

## 第二章 监管职责

**第五条** 电力监管机构对电网企业建设可再生能源发电项目接入工程的情况实施监管。

省级以上电网企业应当制订可再生能源发电配套电网设施建设规划，经省级人民政府和国务院有关部门批准后，报电力监管机构备案。

电网企业应当按照规划建设或者改造可再生能源发电配套电网设施，按期完成可再生能源发电项目接入工程的建设、调试、验收和投入使用，保证可再生能源并网发电机组电力送出的必要网络条件。

**第六条** 电力监管机构对可再生能源发电机组与电网并网的情况实施监管。

可再生能源发电机组并网应当符合国家规定的可再生能源电力并网技术标准，并通过电力监管机构组织的并网安全性评价。

电网企业应当与可再生能源发电企业签订购售电合同和并网调度协议。国家电力监管委员会根据可再生能源发电的特点，制定并发布可再生能源发电的购售电合同和并网调度协议的示范文本。

**第七条** 电力监管机构对电网企业为可再生能源发电及时提供上网服务的情况实施监管。

第八条　电力监管机构对电力调度机构优先调度可再生能源发电的情况实施监管。

电力调度机构应当按照国家有关规定和保证可再生能源发电全额上网的要求，编制发电调度计划并组织实施。电力调度机构进行日计划方式安排和实时调度，除因不可抗力或者有危及电网安全稳定的情形外，不得限制可再生能源发电出力。本办法所称危及电网安全稳定的情形，由电力监管机构组织认定。

电力调度机构应当根据国家有关规定，制定符合可再生能源发电机组特性、保证可再生能源发电全额上网的具体操作规则，报电力监管机构备案。跨省跨区电力调度的具体操作规则，应当充分发挥跨流域调节和水火补偿错峰效益，跨省跨区实现可再生能源发电全额上网。

第九条　电力监管机构对可再生能源并网发电安全运行的情况实施监管。

电网企业应当加强输电设备和技术支持系统的维护，加强电力可靠性管理，保障设备安全，避免或者减少因设备原因导致可再生能源发电不能全额上网。

电网企业和可再生能源发电企业设备维护和保障设备安全的责任分界点，按照国家有关规定执行；国家有关规定未明确的，由双方协商确定。

第十条　电力监管机构对电网企业全额收购可再生能源发电上网电量的情况实施监管。

电网企业应当全额收购其电网覆盖范围内可再生能源并网发电项目的上网电量。因不可抗力或者有危及电网安全稳定的情形，可再生能源发电未能全额上网的，电网企业应当及时将未能全额上网的持续时间、估计电量、具体原因等书面通知可再生能源发电企业。电网企业应当将可再生能源发电未能全额上网的情况、原因、改进措施等报电力监管机构,电力监管机构应当监督电网企业落实改进措施。

第十一条　电力监管机构对可再生能源发电电费结算的情况实施监管。

电网企业应当严格按照国家核定的可再生能源发电上网电价、补贴标准和购售电合同,及时、足额结算电费和补贴。可再生能源发电机组上网电价、电费结算按照国家有关规定执行。

第十二条　电力监管机构对电力企业记载和保存可再生能源发电有关资料的情况实施监管。

电力企业应当真实、完整地记载和保存可再生能源发电的有关资料。

### 第三章　监管措施

第十三条　省级电网企业和可再生能源发电企业应当于每月20日前向所在地电力监管机构报送上一月度可再生能源发电上网电量、上网电价和电费结算情况,省级电网企业应当同时报送可再生能源电价附加收支情况和配额交易情况。

电力监管机构按照有关规定整理、使用电力企业报送的信息。

第十四条　电网企业应当及时向可再生能源发电企业披露下列信息:

(一)可再生能源发电上网电量、电价;

(二)可再生能源发电未能全额上网的持续时间、估计电量、具体原因和电网企业的改进措施。

第十五条　电力监管机构对常规能源混合可再生能源发电项目的燃料比例进行检查、认定,常规能源混合可再生能源发电企业和燃料供应等相关企业应当予以配合。

常规能源混合可再生能源发电企业应当做好常规能源混合可再生能源发电相关数据的计量和统计工作。

第十六条 电力监管机构依法对电网企业、可再生能源发电企业、电力调度机构进行现场检查，被检查单位应当予以配合，提供与检查事项有关的文件、资料，并如实回答有关问题。

电力监管机构对电网企业、可再生能源发电企业、电力调度机构报送的统计数据和文件资料可以依法进行核查，对核查中发现的问题，应当责令限期改正。

第十七条 可再生能源发电机组与电网并网，并网双方达不成协议，影响可再生能源电力交易正常进行的，电力监管机构应当进行协调；经协调仍不能达成协议的，由电力监管机构按照有关规定予以裁决。

电网企业和可再生能源发电企业因履行合同发生争议，可以向电力监管机构申请调解。

第十八条 电力监管机构对电力企业、电力调度机构违反国家有关全额收购可再生能源电量规定的行为及其处理情况，可以向社会公布。

## 第四章 法律责任

第十九条 电力监管机构工作人员未依照本办法履行监管职责的，依法追究其责任。

第二十条 电网企业、电力调度机构有下列行为之一，造成可再生能源发电企业经济损失的，电网企业应当承担赔偿责任，并由电力监管机构责令限期改正；拒不改正的，电力监管机构可以处以可再生能源发电企业经济损失额一倍以下的罚款：

（一）违反规定未建设或者未及时建设可再生能源发电项目接入工程的；

（二）拒绝或者阻碍与可再生能源发电企业签订购售电合同、并网调度协议的；

（三）未提供或者未及时提供可再生能源发电上网服务的；

（四）未优先调度可再生能源发电的；

（五）其它因电网企业或者电力调度机构原因造成未能全额收购可再生能源电量的情形。

电网企业应当自电力监管机构认定可再生能源发电企业经济损失之日起15日内予以赔偿。

**第二十一条** 电力企业未按照国家有关规定进行电费结算、记载和保存可再生能源发电资料的，依法追究其责任。

## 第五章 附 则

**第二十二条** 除大中型水力发电外，可再生能源发电机组不参与上网竞价。电量全额上网的水力发电机组参与电力市场相关交易，执行国家电力监管委员会有关规定。

**第二十三条** 发电消耗热量中常规能源超过规定比例的常规能源混合可再生能源发电项目，视同常规能源发电项目，不适用本办法。

**第二十四条** 本办法自2007年9月1日起施行。

# 可再生能源发电工程
# 质量监督体系方案

国家能源局关于印发
可再生能源发电工程质量监督体系方案的通知
国能新能〔2012〕371号

各省(区、市)发展改革委、能源局,水电水利规划设计总院,国家电网公司、中国南方电网有限责任公司、中国华能集团公司、中国大唐集团公司、中国华电集团公司、中国国电集团公司、中国电力投资集团公司、中国长江三峡集团公司、国家开发投资公司、中国核工业集团公司、中国广东核电集团有限公司、中国国际工程咨询公司、中国电力建设集团有限公司、中国能源建设集团有限公司:

为规范和加强可再生能源发电工程质量监督管理,促进可再生能源健康发展,我局制定了《可再生能源发电工程质量监督体系方案》。现印发你们,请遵照执行。

国家能源局
2012年11月20日

工程质量监督是我国工程建设质量管理的一项基本制度,也是政府部门实施行业管理的重要手段。为进一步规范水电工程质量监督管理，加强可再生能源发电工程质量监督管理，根据国务院《建设工程质量管理条例》有关规定，特制定本方案。

一、体系方案

组建国家可再生能源发电工程质量监督总站，同时保留按国能新能〔2011〕156号文设立的水电工程质量监督总站，负责我国水电、风电等可再生能源发电工程的质量监督工作。总站均设在水电水利规划设计总院。

二、工作范围

主要开展水电、风电、太阳能、生物质能等可再生能源发电项目具体工程的质量监督工作。

三、工作原则

可再生能源发电工程质量监督工作应坚持"独立、规范、公正、公开"的原则，健全规章制度，规范工作流程，完善检测手段，严格控制质量关口，认真开展监督检查等工作。

四、机构设置

国家可再生能源发电工程质量监督机构实行"总站-分站-项目站"三级管理体系。分站是总站派出机构，由总站统一规划，按省或区域合理设置。水电工程和其他可再生能源发电工程根据实际情况，可按项目、流域、大型基地设立项目站（流域站、基地站）。

五、工作职责

总站：负责全国可再生能源发电工程质量监督工作的归口管理，编制《可再生能源发电工程质量监督工作规定》和《可再生能源发电工程质量监督检查工作大纲》等规章制度，研究提出三级管理体系具体方案，考核下级机构的工作，认定工程质量检测机构，负责工程质量监督人员的培训、考核和资格管理，统计工程质量信息，参与解决重大工程质量纠纷、重大质量事故调查处理，以及工程竣工验收。完成国家能源局委托的其他任务。

分站：根据总站委托，负责大型可再生能源发电工程的质量监督，考核所辖范围内各项目站的工作，按规定向总站报送工程质量信息资料，完成总站交办的其他任务。

项目站（流域站、基地站）：承担具体工程项目的质量监督检查工作，协调解决一般性工程质量争端，参与质量事故的调查处理，完成总站和分站交办的其他工作。流域站负责流域内各水电工程的质量监督检查工作，基地站负责可再生能源基地内各发电工程的质量监督检查工作。

六、工作规则

（一）国家核准（审批）或列入核准计划管理的可再生能源发电工程项目，按照项目核准（审批）文件和工程建设管理规定，同步开展质量监督工作。各级工程质量监督机构、项目法人和有关责任单位要切实履行各自职责，确保可再生能源发电工程质量。

（二）未经核准（审批）的可再生能源发电工程项目，各级可再生能源发电工程质量监督机构不得受理其质量监督申请。工程各阶段验收和竣工验收前，均应通过可再生能源发电工程质量监督机构的监督检查，未通过可再生能源发电工程质量监督机构监督检查的项目，不得投入运行。

（三）严格可再生能源发电工程质量监督与企业内部质量管理和工程监理工作界限，依法界定相关责任和义务。

（四）可再生能源发电工程质量监督要充分发挥专家和第三方检测机构作用。不得将工程质量监督工作委托给建设、设计、施工、监理单位。

（五）各级工程质量监督机构开展可再生能源发电工程质量监督检查工作时，应接受工程项目所在省（自治区、直辖市）能源主管部门的监督和指导。

（六）质量监督总站要定期向国家能源局报送质量监督工作总结，提出存在问题和建议，重大质量问题要及时报告。

七、工作经费

可再生能源发电工程质量监督检测工作经费可由质量监督机构与项目业主签订技术服务合同，收取技术服务费。技术服务费在工程概算中列支。

八、其他

可再生能源发电工程质量监督总站组建后，原体系下监督机构已开展质量监督工作的可再生能源发电工程中，未完成蓄水验收的水电工程交由水电工程质量监督总站承担，已完成蓄水验收的水电工程可由原监督机构继续履行相关工作或双方协商确定；其他可再生能源发电项目可继续履行至工程项目竣工投产。

自本方案颁布实施之日起，所有新开工可再生能源发电工程项目均应按照新的工作体系和规则开展质量监督工作。

本方案由国家能源局负责解释。